AM STROM ENTLANG

Christine Mohr / Jürgen Reimer

FAHRRADFÜHRER TOSKANA

Delius Klasing
EDITION MOBY DICK

Die Deutsche Bibliothek - CIP-Einheitsaufnahme

Mohr, Christine:
Fahrradführer Toskana / Christine Mohr/Jürgen Reimer. -
Kiel : Moby Dick Verlag, 1997
(Fahrradführer)
ISBN 3-89595-116-1
NE: Reimer, Jürgen

ISBN 3-89595-116-1

Fotos: Christine Mohr, Jürgen Reimer
Karten: Elsner & Schichor, Karlsruhe
Umschlaggestaltung: Buchholz/Hinsch/Hensinger, Hamburg
Satz: OstseeSatz, Laboe
Druck und Bindung: Druckerei Runge GmbH, Cloppenburg
Printed in Germany 1997

Inhalt

Bekannte und unbekannte Toskana

Die Toskana ist mit einer Fläche von etwa 23.000 Quadratkilometern eine der größten Regionen Italiens. Sie liegt in der Mitte des Landes, etwa zwischen 42° und 44° nördlicher Breite. Verschiedene Landschaftsformen prägen ihr Bild und machen sie für die Reisenden so attraktiv: die hohen Berge der Apuanischen Alpen und des Apennin, das flache Arnobecken, die toskanische Hügellandschaft mit den ihr vorgelagerten flachen Küstenstreifen, den Maremmen, und die Überreste eines versunkenen Landstrichs, dem toskanischen Archipel, mit seiner größten Insel Elba.

Die Region ist in zehn Verwaltungsbezirke, sogenannte Provinzen, unterteilt: Florenz, Prato, Pistoia, Lucca, Carrara, Pisa, Arezzo, Siena, Livorno (mit den Inseln Elba, Capraia, Pianosa und Gorgona) sowie Grosseto mit den Inseln Giglio und Gíannutri.

Jedes Kapitel dieses Reiseführers behandelt eine Provinz der Region, mit einer Ausnahme: Das Gebiet des Monte Amiata im Südosten der Toskana hat so viel zu bieten, daß wir ihm ein eigenes Kapitel gewidmet haben. Neben Elba ist der Monte Amiata die zweite Landschaft der Toskana, die keine Provinz ist, aber dennoch über ein eigenes Tourismusbüro (A.P.T.) verfügt.

Auf die Provinzen, die eher den Bergsteiger als uns Radreisende ansprechen, gehen wir zur Gewichtsreduzierung dieses Reiseführers nicht weiter ein. Konzentrieren wir uns auf die für uns attraktiven Provinzen. Dazu gehören natürlich die berühmten wie Pisa, Florenz und Siena, sowie die unter Radreisenden weniger bekannten: Livorno (mit der Insel Elba), Grosseto und die Gegend um den Monte Amiata.

Jedes Kapitel beinhaltet eine Beschreibung der Provinz, mit Erläuterungen zu ihrer Hauptstadt sowie mit einer Übersicht der traditionellen Küche und der typischen Weine.

Es folgen die Tourenbeschreibungen. Die Etappen, die über mehrere Provinzen führen, finden Sie der Provinz zugeordnet, die den größten Anteil hat. In den Beschreibungen erfahren Sie etwas über das Streckenprofil, über die schönsten Aussichtspunkte und Pausenplätze, sowie über die Besonderheiten der Orte, die Sie durchradeln.

Tourenübersicht

Alle Streckenkarten haben den Maßstab 1:500.000 (1 cm = 5 Kilometer)

0 5 km

Legende

- Route
- Sehenswürdigkeit/Sonstiges
- Kirche/Kloster
- Burg/Schloß
- Campingplatz
- Jugendherberge

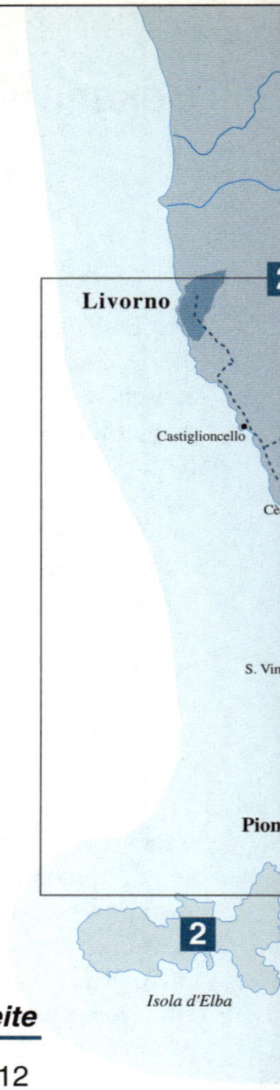

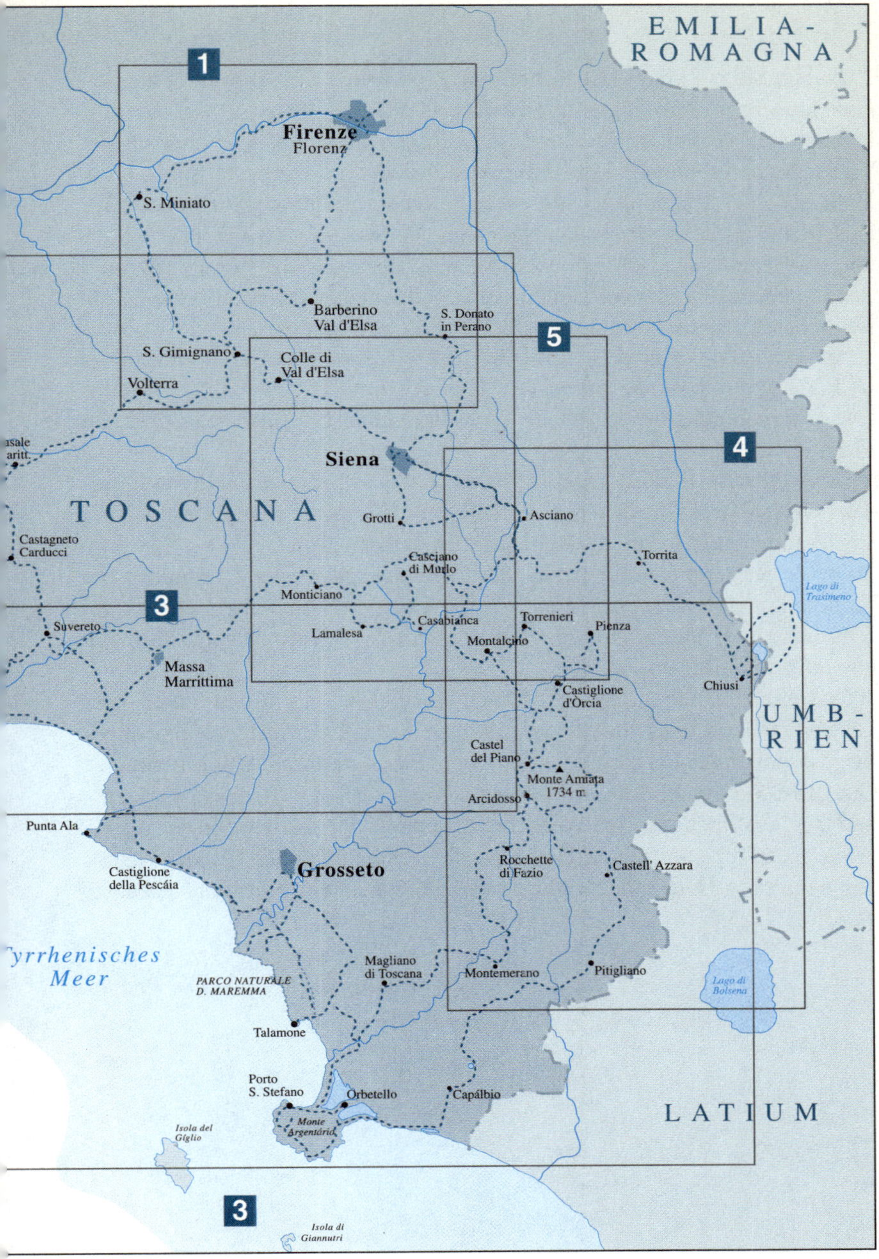
EMILIA-
ROMAGNA
1
Firenze
Florenz
S. Miniato
Barberino
Val d'Elsa
S. Donato
in Perano
5
S. Gimignano
Colle di
Val d'Elsa
Volterra
Siena
4
TOSCANA
Grotti
Asciano
Castagneto
Carducci
Casciano
di Murlo
Torrita
Lago di
Trasimeno
3
Monticiano
Suvereto
Lamalesa
Casabianca
Torrenieri
Pienza
Montalcino
Massa
Marrittima
Chiusi
Castiglione
d'Orcia
UMB-
RIEN
Castel
del Piano
Monte Amiata
1734 m
Arcidosso
Punta Ala
Rocchette
di Fazio
Castell' Azzara
Grosseto
Castiglione
della Pescáia
Tyrrhenisches
Meer
Magliano
di Toscana
PARCO NATURALE
D. MAREMMA
Montemerano
Pitigliano
Lago di
Bolsena
Talamone
Porto
S. Stefano
Orbetello
Capálbio
Monte
Argentário
LATIUM
Isola del
Giglio
3
Isola di
Giannutri

Suchen Sie nur eine Ortsbeschreibung, so können Sie diese unter der den einzelnen Provinzen zugeordneten Rubrik Städte/Sehenswürdigkeiten/Informationen finden. In jedem Kapitel folgen diese im Anschluß an die Tourenbeschreibungen. Die Provinzhauptstadt vorangestellt, sind sie in alphabetischer Reihenfolge mit einer Kurzbeschreibung ihrer Lage, ihrer Geschichte und den Sehenswürdigkeiten, wie Museen und historische Bauten, dargestellt. Danach finden Sie eine Auflistung der Naturparks und Schutzgebiete, soweit vorhanden, sowie allgemeine Informationen zu öffentlichen Verkehrsmitteln und Übernachtungsmöglichkeiten.

Am Ende jedes Kapitels ist die Adresse des jeweiligen Tourismusbüros (A.P.T.) in der Toskana aufgeführt. Hier erhalten Sie auf Anfrage kostenlose Übernachtungsverzeichnisse und allgemeine Informationen über die Provinz.

Die Adressen der in Deutschland/Österreich/Schweiz zuständigen Fremdenverkehrsbüros (Staatliches Italienisches Fremdenverkehrsamt ENIT) sowie allgemeine Informationen befinden sich im Anhang.

Dieser Reiseführer soll keine gute Straßenkarte ersetzen, sondern die Tourenplanung erleichtern, Ihnen einen Überblick über die Region verschaffen, sowie Sie für ein Land und eine Form des Reisens begeistern, die uns immer wieder überzeugen.

Und nun sind Sie an der Reihe. Schwingen Sie sich in den Sattel Ihres Fahrrads und erleben Sie die sanfte und schroffe Etruskerküste, das hügelige Chianti und die bergigen Regionen Elbas und des Monte Amiatas. Genießen Sie ein Bad im türkisblauen Wasser des Tyrrhenischen Meeres und tauchen Sie ein in eine Welt vergangener Zeiten. Halten Sie die Augen offen, auch für die kleinen Dinge am Wegesrand. Lassen Sie die Hektik des Alltags zu Hause und schließen Sie sich unserem Motto an: Weniger ist oftmals mehr.

Christine Mohr *Jürgen Reimer*

Provinz Firenze (Florenz)

Die Provinz Firenze, oder, wie wir in Deutschland sagen, Florenz, weist unterschiedlichste Landschaften auf.

Das *Chianti* ist wohl die bekannteste Region der Toskana. Ursprünglich war der Chiantiwein an eine »Liga« der mittelalterlichen Grafschaft von Florenz geknüpft. Sie entsprach den Gemeinden Radda, Gaiole und Castellina (gehören heute zur Provinz Siena). Im 18. Jahrhundert vergrößerte man das Gebiet um die Gemeinde Greve. Heute versteht man unter dem Chianti das Produktionsgebiet des *Chianti Classico*. Der sogenannte *Gallo Nero* ist das alte Emblem der Liga. Dieses Produktionsgebiet schließt heute auch einen Teil der Gemeinden San Casciano Val di Pesa, Tavernelle Val di Pesa und Barberino Val d'Elsa mit ein.

Weltbekannt sind die sanft geschwungenen, mit Zypressen und alten Höfen bestückten Hügelketten. Im Osten sind die Hänge bewaldet, und immer wieder tauchen mittelalterliche Burgen und malerische Orte auf. Unterbrochen wird dieses Bild nur durch die Hänge, an denen der berühmte *Chianti Classico* angebaut wird.

Etruskische Grabhügel, Römerstraßen, mittelalterliche Burgen, Schlösser und Landgüter, die in der Renaissance zu herrlichen Villen ausgebaut wurden, zeugen von einer bewegten und reichen Vergangenheit. Die Rivalität zwischen Siena und Florenz gehört genauso dazu wie die Herrschaft der Medici, die ihre Macht auf die gesamte Toskana ausdehnen konnten. In dieser Zeit begann auch für das Chianti eine neue Epoche, denn viele reiche Familien bauten sich hier ihren Landsitz.

Das *Elsatal* liegt im Südwesten der Provinz Florenz, im Zentrum der Toskana. Die Elsa ist der größte linke Nebenfluß des Arno. Auch dieses Gebiet wurde schon von Etruskern und Römern besiedelt. Überall sind mittelalterliche Burgen zu finden, wie Casole, Colle, San Gimignano (heute Provinz Siena), Barberino, Certaldo, Castelfiorentino und die ehemalige Zitadelle Semifonte.

Das untere *Arnotal* beschreibt das Gebiet ab der Talenge von Gonfolina bis Fucécchio. Es wird von verschiedensten Landschaftstypen geprägt. Links des Arno geht das Arnotal in das Hügelland zwischen Pesa- und

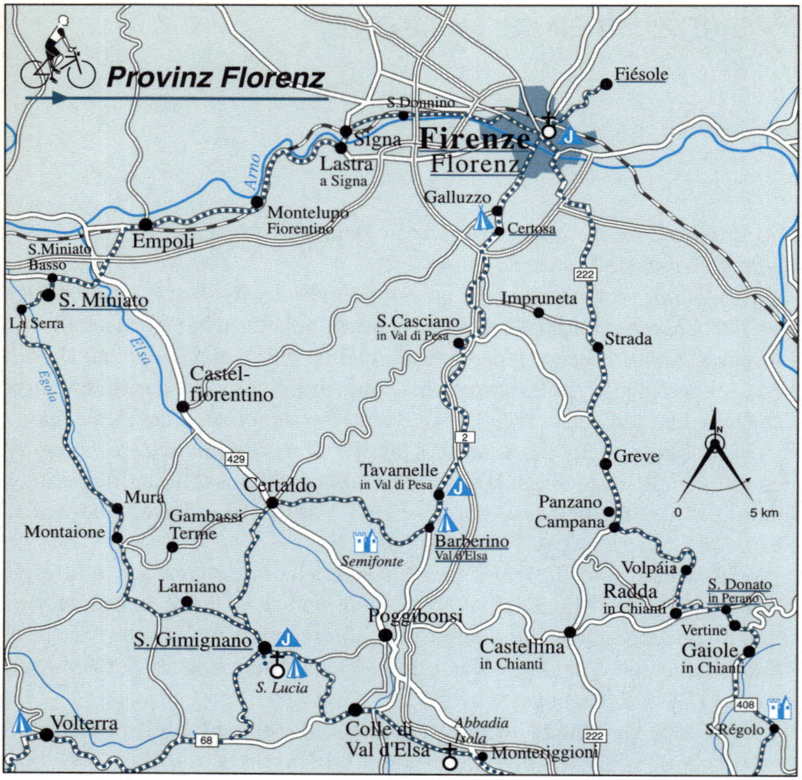

Elsatal über, rechts des Arno, jenseits der Ausläufer des Monte Albano, endet es im Sumpfland von Fececchino und in den Colline delle Cerbaie. Für Radreisende, die die Stadt Florenz als Ausgangs- oder Endpunkt einer Tour wählen, sind das *Chianti*, das *Elsa-* und das untere *Arnotal* die interessantesten Regionen. Wer von Florenz Richtung Siena oder umgekehrt unterwegs ist, kommt fast automatisch durch eine dieser wunderbaren Gegenden.

Eine weitere, vor allem kunsthistorisch interessante Region ist die direkte Umgebung der Stadt Florenz. Das bekannteste Beispiel ist die Ausgrabungsstätte in Fiésole, aber auch die vielen Schlösser, Herrenhäuser und Villen in der direkten Umgebung der Hauptstadt der Toskana prägen dieses Gebiet. Im Süden von Florenz, in der Nähe von Galuzzo, kann man die großartige *Certosa Val d'Ema* besichtigen, eine der größten Klosteranlagen der Toskana aus dem 16. Jahrhundert.

1997 soll der neue Fahrradweg Firenze – Pisa fertiggestellt sein. Informationen hierzu erteilt A.P.T. Firenze (Adresse s. u.).

Tour 1: Certosa – Fiésole

Certosa – Firenze – Fiésole (20 km)

Wer mit dem Fahrradbus anreist, der wird an der Autobahnabfahrt *Certosa* in seinen Urlaub entlassen. Vom Parkplatz radeln Sie rechts hinauf und folgen der SS 2 Richtung Firenze. Linker Hand liegt die *Certosa Val d'Ema*, eine der größten Klosteranlagen der Toskana, die zu einer Besichtigung einlädt. Bei der Weiterfahrt erwartet Sie ein stetiges Auf und Ab, während die toskanische Hauptstadt immer näher rückt.

Im Stadtteil S. Gággio sollten Sie sich rechts halten und über den *Piazzale Galileo* auf der Viale Galileo bis zum *Piazzale Michelangelo* radeln. Von

Blick vom Piazzale Michelangelo auf Florenz

Florenz: Ponte Vecchio

hier haben Sie einen traumhaften Blick über die Stadt, und wer Glück hat, kann durch den Dunst der Stadt hindurch die dahinterliegenden Hügelketten erkennen.

i Campingplatz *Parco Comunale di Campeggio – Michelangelo* (**), rechts unterhalb des Piazzale Michelangelo

Wer nach Fiésole möchte, der überquert den Arno und radelt durch die Stadt hindurch. Von der Altstadt kommend, fährt man bis zur *Piazza della Libertá* (Platz der Freiheit). Von hier führt ein Fahrradweg über die Viale Don G. Minzoni unter der Bahn hindurch zur *Piazza delle Cure*. Die zweite Straße rechts ist die Viale Alessandro Volta. Dieser folgen Sie bis über die *Piazza T. A. Edison*, wo Sie weiter geradeaus auf der Via S. Domenico bleiben. An herrlichen Villen und Landhäusern vorbei schraubt sich die Straße langsam nach oben und weite Ausblicke laden zum Anhalten und Fotografieren ein.

Wer die Ausgrabungsstätte besichtigen möchte, der folgt in Fiésole links der Ausschilderung zum Römischen Theater. Zum Campingplatz führt die Straße rechts weiter in endlosen Serpentinen hinauf. Der Ort *Fiésole*, etwa

250 Meter über der Arnosenke gelegen, breitet sich über den gesamten Hügel aus. Atemberaubende Ausblicke hinunter nach Florenz, hinein in das Arnotal und hinüber zum Piazzale Michelangelo sind der Lohn für eifriges Bergaufradeln.

Nachdem Sie Fiésole hinter sich gelassen haben, taucht ein Schild auf, das rechts hinauf zum Campingplatz weist. Ein Verkehrsschild kündigt eine 16-prozentige Steigung an. Aber so kurz vor dem Ziel sollten Sie nicht aufgeben. Denn haben Sie die Höhe erreicht, werden Sie nicht nur von einem herrlichen Ausblick auf die Hügelwelt der Umgebung und über die Hauptstadt, sondern auch von der Ruhe auf dem Platz für die anstrengende Fahrt belohnt.

Tour 2: Fiésole – San Miniato

Fiésole – Firenze – Signa – Empoli – San Miniato (58 km)

Wer eine flachere Strecke bevorzugt, dem empfehlen wir, Florenz am Arno entlang zu verlassen.

Die Abfahrt von Fiésole hinunter nach Florenz, immer geradeaus über die *Piazza della Libertá* bis zur Brücke *Ponte della Vittoria*, die den Arno überspannt, beträgt etwa 12,5 Kilometer. Von dort folgen Sie dem Fluß auf seiner rechten Seite Richtung Meer. Auf der Viale A. Lincoln lädt ein Wochenmarkt zum Bummeln ein. Unterhalb der Straße, direkt am Arno, führt ein gut befestigter Weg bis zur nächsten Brücke. Ab hier beginnt ein Naherholungsgebiet und die asphaltierte Straße ist für den Autoverkehr gesperrt. Herrlich, hier entlang zu radeln. Sie teilen sich die Straße mit Joggern, Inline-Skatern und anderen Radlern. Hier zeigt sich ein ganz anderes Gesicht der Kunstmetropole Florenz.

Immer geradeaus führt der Weg, bis Sie zu einer vierspurigen Autobrücke kommen und von rechts ein Bach in den Arno mündet. Hier radeln Sie rechts und gleich wieder links über das Brückchen. Weiter geht es am rechten Arnoufer entlang. Ohne Autoverkehr, auf einem unbefestigten Weg, lassen Sie Florenz hinter sich. Rechts begleiten Sie Eisenbahnschienen und ab und an rauscht auch ein Zug vorbei. Dann taucht rechts der Bahnhof *Fermata di S. Donnino* auf. Hier fahren Sie unter den Schienen hindurch und folgen rechts der Via dei Bassi bis *S. Donnino*. An der Querstraße biegen Sie links ab, dann wieder rechts über die Brücke.

Sommer in Italien

Nun folgen Sie der Ausschilderung nach Signa, fahren dann links, entgegen der Ausschilderung Richtung Autostrada/Firenze, auf der Via Roma und überqueren den Arno. Danach biegen Sie gleich wieder rechts ab auf die SS 67, die Sie immer am Arno entlang bis nach Empoli bringt.

In *Empoli* nimmt der Verkehr leider zu, doch dafür ist hier der Fahrradweg von Florenz nach Pisa schon fertiggestellt. Sie bleiben auf der SS 67, die sich nun ein Stück vom Arno wegbewegt, über den Fluß Elsa führt und schließlich nach *S. Miniato Basso* hineinführt. Hier folgen Sie der Ausschilderung links den Hügel hinauf nach S. Miniato.

i

Der Ort selbst bietet zum Übernachten nur das Hotel Miravalle (***), das sich im ehemaligen Kaiserpalast aus dem 12. Jahrhundert befindet.

Wer statt einer Übernachtung im Hotel lieber ein paar Tage auf einem Weingut verbringen möchte, der hat im Hinterland von S. Miniato mehrfach Gelegenheit dazu.

Da Sie bei der Überquerung der Elsa nicht nur einen Fluß, sondern auch eine Provinzgrenze überfahren haben, finden Sie die Beschreibung von S. Miniato im Kapitel Pisa.

Tour 3: San Miniato – San Gimignano

San Miniato – Mura – Montaione – San Gimignano (41 km)

Sie starten in San Miniato, in der Provinz Pisa, folgen dem *Egolatal,* welches ab Casastrada zur Provinz Florenz gehört und erreichen schließlich S. Gimignano in der Provinz Siena. Der Hauptteil der Route führt durch die Provinz Florenz.

Sie verlassen *S. Miniato* hinein in die Hügelwelt Richtung *Paláia.* In rasanter Fahrt geht es den Hügel hinunter, und im Flußtal angekommen folgen Sie diesem rechts bis zur nächsten Querstraße. Hier fließt das kleine Wasser in den etwas größeren Fluß Egola, dem Sie nun für einige Kilometer folgen. Sie überqueren ihn und pedalieren dann links der Straße das Tal hinauf.

Langsam aber stetig steigt die Straße an, bis der Wegweiser links über die Brücke Richtung *Montaione* zeigt. Hier überqueren Sie die Egola und nun geht es etwas steiler nach *Mura* hinauf. Der Hügelkette, die hier beginnt, folgen Sie immer geradeaus.

Vom Arnotal kommend führt die Straße über *Mura* und *Montaione.* Montaione liegt auf über 300 m, und von hier hat man einen grandiosen Ausblick in die Hügelwelt hinein. Vor und in Montaione steigt die Straße steil an, so daß eine Pause auch in dieser Hinsicht angenehm ist. Außerdem teilen die Richtungsweiser mit, daß es von hier nach S. Miniato ebenso 19 km sind, wie in die andere Richtung nach S. Gimignano, also Halbzeit!

Nachdem *Montaione* durchfahren ist, geht es ein wenig bergab. Dieses Vergnügen ist jedoch nur von kurzer Dauer, denn schon schlängelt sich die Straße weiter die Hügelkette hinauf. Sie führt durch einen herrlichen Wald.

i Wer in diesem Naherholungsgebiet pausieren möchte, der biegt, bevor es wieder hinunter geht, von der Straße rechts ab. Ein Hinweisschild zeigt zum Ristorante/Pizzeria/Bar *La Scoiattolo.* Neben dem Restaurant laden Holztische und -bänke zum Picknick im Wald ein.

Weiter folgen Sie der wenig befahrenen Straße Richtung *S. Gimignano.* Die Abfahrt zur Gambassi-Terme lassen Sie links liegen und dann haben Sie endlich den höchsten Punkt dieser Etappe, mit etwa 524 Metern, erreicht. Nun immer links halten und der Ausschilderung nach S. Gimignano folgen. Nachdem Sie in *Camporbiano* links abgebogen sind und den Wegweiser nach links in den Ort Larniano hinter sich gelassen haben, tauchen plötzlich auf dem nächsten Hügel die historischen Geschlechtertürme von *S. Gimignano* vor Ihnen auf. Der Weg führt steil hinunter, um dann rechts wieder steil in die mittelalterliche, wunderbar erhaltene Stadt hinaufzusteigen. Und wenn die Touristenströme am Abend nachlassen und die dreizehn angestrahlten Türme in den dunklen Nachthimmel emporragen, dann hat diese mittelalterliche Stadt ihren ganz besonderen Reiz.

[i] Etliche Hotels bieten Zimmer an, überall werden Ferien auf dem Bauernhof ausgewiesen. Wer gerne zeltet, der fährt durch den Ort hindurch bis zum Campingplatz in *S. Lucia*.

Sie befinden sich jetzt in der Provinz Siena. Die Beschreibung S. Gimignanos finden Sie im entsprechenden Kapitel. Die anschließende Tourenbeschreibung von S. Gimignano nach Volterra finden Sie im Kapitel Pisa (Tour 1).

Tour 4: S. Donato in Perano – Firenze

S. Donato in Perano – Radda in Chianti – Greve in Chianti – Strada in Chianti – Firenze (60 km)

Von S. Donato in Perano radeln Sie bis zur Hauptstraße und folgen dann links der SS 429 nach *Radda in Chianti*. Der von Wäldern umgebene Weinort Radda lädt zu einem Rundgang ein. Ein Kastell und Reste mittelalterlicher Bausubstanz sind erhalten. Wer darauf verzichten möchte, den Hügel hinaufzufahren, der radelt unter der SS 429 hindurch und läßt Radda in Chianti links liegen.

Vom Campingplatz in *Castellina in Chianti* radeln Sie weiter auf der SS 222, der *Chiantigiana,* die nach kurzer Zeit links abbiegt. Hier können Sie wählen, ob Sie den Umweg über Radda in Chianti mitnehmen, oder ob Sie direkt nach Florenz fahren. Wer die direkte Strecke vorzieht, der bleibt auf der SS 222, die bis nach Florenz hineinführt (ab Campana treffen beide Touren wieder zusammen). Wen es nach *Radda* treibt, der fährt geradeaus auf der SS 429, bis er nach etwa zehn Kilometern den kleinen Ort erreicht.

Florenz: S. Maria del Fiore (Dom) mit Campanile

Von Radda aus führt die SS 429 Richtung *Montevarchi*. Diese befahren Sie jedoch nur das kurze Stück den Hügel hinunter, um dann der Ausschilderung unter der SS 429 hindurch, Richtung *Greve in Chianti,* zu folgen. Weiter geht es bergab und schon wieder müssen Sie sich entscheiden. Wer die einfachere Strecke nach Florenz bevorzugt, der bleibt auf der Hauptstraße und radelt immer weiter am Fluß Pesa entlang, bis er auf eine Querstraße stößt. Dieser, der SS 222, folgen Sie rechts Richtung Greve in Chianti und Florenz.

i Wer noch einmal auf einem der hohen Hügel, weit abgelegen vom Touristenstrom, in einem kleinen Café bei Cappuccino oder

Chiantiwein pausieren möchte, der biegt rechts ab über die Brücke, Richtung *Volpáia*.

Die Straße verläuft steil nach oben und scheint schier endlos. Die Belohnung für die Mühen sind atemberaubende Ausblicke hinüber nach Radda in Chianti und hinein in das Pesatal. Endlich, bei 615 Höhenmetern, haben Sie *Volpáia* erreicht, dieses winzige Dörfchen, dessen mittelalterliche Gassen zu einem kurzen Rundgang einladen und in dessen kleinem Café Sie Ihren Durst löschen und sich erholen können.

Weiter führt die Straße hinauf, bis der gute Asphaltbelag in einen Schotterweg übergeht. Diesem folgen Sie der Hügelkette entlang und von hier können Sie immer wieder die grandiosen Ausblicke über die Hügel des Chianti genießen. Und dann ist der höchste Punkt endlich erreicht!

Durch den Wald geht es nun wieder hinunter, bis Sie auf einen Querweg stoßen. Wer diese Tour als Tagesausflug unternimmt, der fährt hier links hinunter Richtung *Radda in Chianti*. Wer jedoch nach *Greve in Chianti* oder noch bis nach *Florenz* möchte, der biegt hier rechts ab und gleich wieder links Richtung *Panzano*. Sie bleiben auf der Schotterstraße und radeln nun immer geradeaus auf der Hügelkette entlang.

Der Wald lichtet sich und macht einer herrlichen Aussicht in die Umgebung Platz. Wer hier noch nicht auf die stärker befahrene SS 222 radeln möchte, der fährt scharf rechts am Hang entlang Richtung *Lámole* und folgt der Straße hinunter bis nach Greve in Chianti. Wer jedoch den direkten Weg auf die SS 222 nehmen möchte, der bleibt auf dem befestigten Weg, der weiter bergab führt und schließlich wieder asphaltiert ist. So erreichen Sie *Campana,* stoßen auf die SS 222 und folgen dieser rechts Richtung Greve in Chianti und Florenz.

In einer rasanten Abfahrt geht es hinunter nach *Greve in Chianti.* Ein Besuch des wunderschönen Marktplatzes sollte auf keinen Fall fehlen. Restaurants und Straßencafés laden zum Verweilen ein.

Um nach Florenz zu kommen folgen Sie weiter der SS 222, die leider immer mehr Verkehr aufweist. Von Greve in Chianti aus geht es am Fluß Greve entlang. Nach etwa vier Kilometern müssen Sie sich entscheiden, ob Sie direkt bis nach *Florenz* hineinfahren oder bis zum Campingplatz bei *Certosa,* von wo der Fahrradbus abfährt, radeln möchten.

Wer direkt nach Florenz will, der sollte weiter der SS 222 folgen, wer jedoch nach Certosa möchte, der bleibt im Grevetal und fährt Richtung *Impruneta,* biegt jedoch in Ferrone mit dem Fluß links ab und dann wieder rechts hinüber bis nach Certosa/Florenz.

Tour A1: Certosa – Barberino Val d'Elsa

Certosa – S. Casciano Val di Pesa – Tavernelle Val di Pesa – Barberino Val d'Elsa (35 km)

Für alle, die Florenz direkt Richtung Siena, hinein in die Hügelwelt, in das Land der Etrusker, Römer und Langobarden, verlassen möchten, empfehlen wir diese Alternativstrecke. In San Gimignano treffen die Hauptroute und die hier beschriebene wieder zusammen!

Von Certosa aus folgen Sie links der SS 2 Richtung *Siena*. Die Straße schlängelt sich in die Hügelwelt hinein. Etwa 5 km vor S. Casciano Val di Pesa geht es kräftiger bergan. Mit *S. Casciano Val di Pesa* haben Sie schließlich eines der bedeutendsten Weinanbaugebiete des berühmten Chianti erreicht. Seit 1272 ist die mittelalterliche Stadt unter florentinischer Herrschaft, wurde im Jahre 1312 Hauptquartier von Heinrich VII., 1343 befestigt und 1355 von Stadtmauern umgeben, die Cosimo I. im 16. Jahrhundert nochmals verstärken ließ. Im Sakralkunst-Museum sind florentinische Werke aus dem 13. und 14. Jahrhundert zu bewundern.

Sie verlassen S. Casciano Val di Pesa und folgen weiter der SS 2 nun am Fluß Pesa entlang. Nachdem Sie die Autobahn zweimal überquert und einmal unterfahren haben, radeln Sie etwa vier Kilometer parallel zu ihr. Bei der Ausfahrt Tavernelle überqueren Sie sie ein letztes Mal. Nun führt die Straße steil hinauf. In *Tavernelle Val di Pesa* angekommen, haben Sie sich ihre Pause auf jeden Fall verdient.

Nur kurz führt die SS 2 kräftig bergab, um auf der anderen Seite noch steiler wieder anzusteigen, doch dann ist die letzte Tagesetappe erreicht: *Barberino Val d'Elsa*. Das mittelalterliche Städtchen ist gut erhalten, die Stadtmauer mit der Porta Romana von 1203 stummer Zeuge einer reichen Vergangenheit. Neben dem Prätorenpalast befindet sich die Pfarrei des Hl. Bartolomäus und wer sich für die etruskischen Ansiedlungen von S. Martino oder für die archäologischen Funde bei der von Florenz 1202 zerstörten *Festung Semifonte* interessiert, der sollte einen Blick in das Rathaus werfen.

i *Camping Semifonte*, Via Ugo Foscolo 4, (**) *Hotel Primavera* in der Via della Repubblica 27, Privatzimmer: Strada di Cortine 12. In Landhäusern rund um Barberino Val d'Elsa werden Ferien auf dem Lande angeboten. Für Freunde von Jugendherbergen bietet sich die Übernachtung in Tavernelle Val di Pesa an.

Tour A2: Barberino Val d'Elsa – San Gimignano

Barberino Val d'Elsa – Certaldo – San Gimignano (30 km)

Am Ortsausgang von *Barberino Val d'Elsa* verlassen Sie die SS 2 und fahren rechts Richtung Certaldo. Immer parallel zum Fluß Agliena, führt die Straße etwa 16 Kilometer nach *Certaldo* hinunter, vorbei an kleinen Kirchen und dem Gebiet der ehemaligen Festung *Semifonte*. In *Certaldo* sollten Sie sich Zeit für einen kleinen Stadtrundgang nehmen, ehe Sie wieder auf das Rad steigen und die Elsa überqueren, um ungefähr 14 Kilometer hinauf nach S. Gimignano zu radeln.

Certaldo gehört bereits zur Provinz Siena. Die Beschreibung von S. Gimignano finden Sie daher im Kapitel Siena.

Städte • Sehenswürdigkeiten • Informationen

Provinzhauptstadt Florenz

Im Arnotal gelegen, zählt die Provinzhauptstadt und Hauptstadt der Toskana zu den bedeutendsten Kunst- und Kulturzentren weltweit. Sie gilt als die Stadt der italienischen Malerei, des Cimabue und des Giotto. Auch die Universalgenies Leonardo da Vinci und Michelangelo haben hier gelebt und gewirkt. Mit Brunelleschi, Donatello und Masaccio wohnten und arbeiteten in ihr berühmte Meister der Renaissance.

Neben der Kunst ist Florenz auch für seine Wissenschaftler berühmt. Galilei legte mit seiner »Schule der Experimente« die Grundlagen für die moderne Wissenschaft und ist einer ihrer bekanntesten Bürger. Die glanzvolle und lange Geschichte der Stadt spiegelt sich in ihrem Aussehen wieder, in ihren mächtigen Palästen, hohen Türmen, alten Gassen und den festlichen Piazzas.

Mit über 400.000 Einwohnern ist Florenz die achtgrößte Stadt Italiens. Wer sich für die Geschichte und die Kunst der Toskana interessiert, sollte einige Tage für einen Besuch einplanen. Die wundervolle Altstadt mit ihrem Dom, den zahlreichen alten Kirchen und Palästen lädt zum Bummeln ein, und wer Zeit und Lust hat, kann sich von einem Museum zum nächsten treiben lassen. Kunst und Kultur sind im Übermaß vorhanden.

Radeln in der Toskana

Museen und Galerien

- Uffizien, Loggiato degli Uffizi
- Kabinett für Zeichnung und Kunstdruck, Loggiato degli Uffizi 6
- Monumentalappartements, Palazzo Pitti / Piazza Pitti
- Moderne Kunstgalerie, Palazzo Pitti / Piazza Pitti
- Museum der Silberwaren, Palazzo Pitti / Piazza Pitti
- Porzellanmuseum, Boboli-Garten, Casino del Cavaliere / Piazza Pitti
- Galleria del Costume, Boboli-Garten, Palazzina della Meridiana / Piazza Pitti
- Sammlung Contini Bonacossi, Boboli-Garten, Palazzina della Meridiana
- Bargello Museum, Via del Proconsolo 4
- S. Marco Museum, Piazza San Marco1
- Archäologisches Museum, Via della Colonna 36
- Museum des antiken Florentiner Wohnhausen, Davanzati-Palast, Via Porta Rossa 13
- Bardini Museum, Piazza de Mozzi 1
- Dommuseum, Piazza Duomo 9
- Museum für Fotografie-Geschichte Fratelli Alinari, Via della Vigna Nuova 16

- Horne-Museum, Via dei Benci 6
- Marino Marini-Museum, Piazza San Pancrazio
- Stibbert-Museum, Via Stibbert 26
- Atelier für Halbedelsteine und Mosaike, Via Alfani 78
- Galleria dell'Accademia, Via Ricasoli 60 (große Skulpturen von Michelangelo)
- Moderne Kunstsammlung A. della Ragione, Piazza della Signoria 5
- Galerie Rinaldo Carnielo, Piazza Savonarola 18
- Galerie des Spedale degli Innocenti, Piazza SS. Annunziata 12

Gebäude
- Basilika von S. Maria del Fiore (Dom) mit der Kuppel von Brunelleschi und dem Campanile von Giotto, Piazza Duomo
- Baptisterium, Piazza San Giovanni
- Palazzo Pitti
- Kapelle der Medici, Piazza Madonna degli Aldobrandini
- Brancacci-Kapelle, Carmine-Kirche, Piazza del Carmine
- Kreuzgang dello Scalzo, Via Cavour 69
- Kreuzgänge von Santa Maria Novella, Piazza Santa Maria Novella
- Palazzo Vecchio und Monumentalappartements, Piazza della Signoria
- Palazzo Medici Riccardi, Via Cavour 1
- Buonarroti-Haus, Via Ghibellina 70
- Landhaus der Medici della Petraia, Castello

Barberino Val d'Elsa

In Barberino Val d'Elsa können Sie die alte Stadtmauer mit ihrem Tor, der Porta Romana bzw. Porta Senese bewundern. Sehenswert sind ebenfalls der Prätorenpalast und die Pfarrei des Hl. Bartolomäus aus dem 14. Jahrhundert. Im Rathaus werden Fundstücke aus Petrognano (das Gebiet der Festung *Semifonte*, die 1202 von Florenz zerstört wurde) und der etruskischen Ansiedlungen von S. Martino ausgestellt.

Certaldo

Certaldo liegt im Elsatal und besteht aus zwei Stadtteilen, dem unteren, dem sogenannten »Borgo« oder »Basso« und dem oberen, der mittelalterlichen Urspungs ist. Das Schloß liegt oberhalb auf dem mit Mauern eingefaßten Hügel. Charakteristisch für den Ort ist, daß sowohl Gebäude als auch Straßenbelag aus Backstein bestehen. Im Stadtteil »Rione Castello«, dem oberen und älteren Bereich Certaldos, gibt es prächtige Bauten zu sehen:

- das Boccaccio-Haus (13. Jh.)
- die Kirche der Hl. Jakob und Philipp (13. Jh.)
- das Prätorengebäude, welches auf den Überresten des ehemaligen Schlosses errichtet wurde
- die Kirche der Hl. Thomas und Prospero mit dem Freskenzyklus von Benozzo Gozzoli (1466 - 67)

Empoli

Die Stadt liegt im Arnotal und ist ein wichtiges Handels- und Industriezentrum. Vor allem bekannt für Glaserzeugung und Bekleidungsindustrie. Auf der *Piazza Farinata degli Uberti* steht die Kollegiatkirche Sant Andreas aus (11. Jh.), die im 18. Jahrhundert renoviert wurde. Der Glockenturm, der im letzten Krieg zerstört wurde, ist nach den romanisch-gotischen Orginalplänen wiedererrichtet worden. Sein Giebel stammt aus dem 17. Jahrhundert. Im *Kollegiatmuseum* sind sehenswerte toskanische Kunstwerke (14. - 17. Jh.) sowie das Taufbecken von Bernardo Rossellino zu bewundern. Die *St. Stefanuskirche* (14. Jh.) ist ebenfalls sehenswert.

Wer sich für Keramik interessiert, sollte das Archäologische Keramikmuseum in *Montelupo Fiorentino*, welches im Haus des Podestá (14. Jh.) untergebracht ist, besuchen.

Fiésole

Schon allein wegen ihres herrlich gelegenen Campingplatzes mit Panoramablick hoch über dem Arno- und Mugnanotal, ist *Fiésole* einen Besuch wert. Aber es gibt neben der traumhaften Landschaft noch weitere Gründe, warum Fiésole fast Pflichtprogramm für jeden Toskana-Reisenden ist.

Hier wurden viele Funde gemacht, die u.a. im archäologischen Museum zu sehen sind. Das Ausgrabungsgebiet, indem sich die Überreste und Ruinen befinden, liegt märchenhaft in der bizarren Landschaft. Vom *Römischen Theater* aus der Kaiserzeit ist ein Zuschauerraum erhalten, der mindestens noch 3.000 Menschen Platz bietet. Zu diesem Ausgrabungskomplex gehört auch ein römischer Tempel, römische Thermen und ein Teil der etruskischen Einfriedungsmauern (Zyklopenmauer). Außerdem sind unbedingt sehenswert:

- das Antiquarium Costantini
- das Museo Bandino (nahe des Doms) mit Tafelbildern der Florentiner und Sieveser Schule aus dem 14. - 16. Jahrhundert
- die Franziskuskirche (14. Jh.), die auf dem Hügel steht, wo sich einst die antike Akropolis befand

In näherer Umgebung:
- Kloster San Domenico von Fiésole
- Badia Fiésolana, die Stiftskirche, die bis 1028 die Kathedrale Fiésoles war. Sie wurde 1456 umgebaut, wobei die Innenausstattung von Brunelleschi (1461 - 1464) besorgt wurde, und heute ist sie Sitz der Europäischen Universität.

Greve in Chianti

Greve in Chianti gilt als das bedeutendste Anbaugebiet des Chianti-Weins, welches zwischen der alten *Via Chiantigiana* und dem oberen Arnotal liegt.

Die Stadt ist ein interessantes Beispiel des mittelalterlichen Städtebaus. Die Größe der Piazza erinnert noch deutlich an ihre ursprüngliche Bestimmung als Marktplatz. Um dieses Zentrum entwickelte sich der Ort, über dem das *Castello di Montefioralle* mit seiner elliptischen Form ragt. In der Pfarrkirche *S. Croce,* die im klassizistischen Baustil neu aufgebaut wurde, direkt an der Piazza gelegen, lohnt sich eine Besichtigung.

Feste
- April: Der »Markt vergangener Dinge« (Trödel)
- Mai: Blumenfest
- Juni: Fest des Ginsters
- Sagra dell'Uva: Den Höhepunkt bildet im September die Ausstellung des klassischen Chianti-Weins auf dem historischen Mercatale-Platz.

Impruneta

Der Ort Impruneta besteht schon seit der Antike, hat aber erst seit dem 11. Jahrhundert, nachdem die Wallfahrtskirche *Basilika S. Maria dell'Impruneta* erbaut wurde, an Bedeutung gewonnen. Die romanische Pfarrkirche von 1060 wurde im 15. Jahrhundert renoviert und im 17. Jahrhundert durch einen Portikus erweitert. Ihr Glockenturm wurde im 13. Jahrhundert erbaut.

Impruneta gilt als das bedeutendste toskanische Zentrum für Keramik- und Ziegelproduktion. Auch heute werden hier Steine und traditionelle Terrakotta-Erzeugnisse hergestellt.

Montaione

Im Südwesten von Florenz liegt Montaione, ein Ort antiken Ursprungs. Erwähnenswert sind hier der *Prätorenpalast* aus dem 13. Jahrhundert und die antike *Pfarrei von S. Regolo* im romanischen Stil. An der Straße nach Montaione finden Sie die Überreste einer römischen Zisterne.

S. Casciano Val d'Pesa

Lange Zeit war S. Casciano Val d'Pesa der Hauptsitz von Heinrich VII., der sich 1312 in der Stadt niederließ, die seit 1272 unter der Herrschaft von Florenz liegt. 1343 wurde der Ort befestigt, 1355 mit Stadtmauern umgeben, die im 16. Jahrhundert durch Cosimo I. nochmals verstärkt wurden. Wertvolle Kunstwerke können Sie auch hier besichtigen:

- Compagnia del Suffragio
- San Francesco
- S. Maria del Prato (Barmherzigkeitskirche)

Signa

Auch Signa ist mittelalterlichen Ursprungs. Im Schloß und in den Sandkuhlen wurden archäologische Funde gemacht. Sehenswert ist die Kirche *Santa Maria* in Castello aus dem 13. Jahrhundert, in der wertvolle Fresken aus dem Jahr 1200 zu besichtigen sind. In der alten Pfarrei von S. Lorenzo sind Fresken mit Marmorintarsien in romanisch-florentinischem Stil aus dem 12. Jahrhundert zu sehen. Charakteristisch für Signa ist die Strohhutindustrie, ein bedeutender Arbeitgeber der Stadt.

Kulinarische Spezialitäten

Im Chianti besteht die Küche aus einfachen Köstlichkeiten. Aus den Gemüsesuppen *Ribollita* und *Minestrone*, geröstetem Fleisch, Kutteln und fritierten Zucchiniblüten oder Mandelbrötchen mit *Vin Santo*.

Nordwestlich von Florenz gibt es besondere Gerichte, wie Hammelfleisch, Schweine- oder Lammdarm, Kutteln in Tomatensoße, Tomaten-Brot-Suppe oder Kohlsuppe. Die roten Chiantiweine gehören bei einem guten Essen natürlich immer dazu.

Verkehrsmittel

Bus

- A.T.A.F. Firenze Tel. 055 / 58 05 28
- LAZZI Firenze Tel. 055 / 21 51 54
- SITA Firenze Tel. 055 / 21 47 21
- C.A.P. Firenze Tel. 055 / 21 46 37
- COPIT Firenze Tel. 055 / 21 54 51

Eisenbahn + Fahrrad

FS – Firenze Tel. 055 / 28 87 85

Florenz: Dom mit der berühmten Kuppel von Brunelleschi

Übernachtungsmöglichkeiten

Für die Region Florenz gibt es einen Hotelführer, der jährlich neu erscheint. Er ist über APT-Firenze zu bekommen. In ihm sind auch die Adressen für Ferienhäuser, Privatzimmer, Ferien auf dem Lande sowie Campingplätze und Jugendherbergen enthalten.

Camping

Florenz

In der Stadt gibt es zwei Möglichkeiten, auf dem Campingplatz zu übernachten. Am Hang über dem Arno mit Blick auf die Stadt liegt der *Parco Comunale di Campeggio – Michelangelo* (**), Viale Michelangelo 80,

50125 Firenze, Tel. 055 / 681 19 77, Fax. 055 / 68 93 48. Geöffnet April bis November.

Eine weitere Möglichkeit ist *Villa Camerata* (*), Viale A. Righi 2 - 4, 50125 Firenze, Tel. 60 03 15. Dieser Platz ist ganzjährig geöffnet.

Wer etwas außerhalb der Stadt ruhig und mit Panorama zelten möchte, kann dies auf dem *Camping Panoramico Fiésole* (***), Via Peramonda 1, in 50014 Fiésole tun (Tel. 055 / 59 90 69, Fax. 055 / 591 86). Fiésole liegt etwa zehn Kilometer nördlich von Florenz-Zentrum auf einem etwa 300 Meter hohen Hügel. Hier kann man römische Ausgrabungen besuchen. Der Campingplatz liegt auf der Kuppe des Hügels und bietet eine fantastische Aussicht. Er ist ebenfalls ganzjährig geöffnet.

Direkt bei der Autobahnausfahrt Firenze-Certosa (südl. von Florenz), dort, wo auch die Fahrradbusse halten, liegt ebenfalls ein Campingplatz. Er ist von April bis Oktober geöffnet: *Camping Internazionale Firenze* (**), Via S. Cristoforo 2, Bottai, Tel. 203 47 04.

Nicht wundern! Der Platz gehört zu Impruneta, auch wenn die Stadt etwa zehn Kilometer entfernt liegt.

Barberino Val d'Elsa

Wer über Tavernelle Val d'Elsa von Florenz nach San Gimignano reisen möchte, hat die Möglichkeit in Barberino Val d'Elsa zu zelten: *Campeggio Semifonte* (**), Via Ugo Foscolo 4, Tel. 80 75 454.
Der nächste Campingplatz liegt in San Gimignano (Siena).

Jugendherbergen / Ostelli

Während Campingplätze in der Toskana leider recht selten sind (dies gilt nicht für die Küste), gibt es einige Jugendherbergen. In Florenz selbst gibt es drei Jugendherbergen: *Villa Camerata,* Viale A. Righi 2/4, Tel. 601 451, Fax 610 300, Ostello Santa Monaca, Via Santa Monaca 6, Tel. 268 338, Fax 280 185 *Archi Rossi,* Via Faenza 94, Tel. 290 804.
Weitere Jugendherbergen sind in Greve in Chianti, Montaione und Tavernelle Val di Pesa zu finden.

Hotels in Florenz

Zu den Hotels ist generell zu sagen, daß das Preisniveau sehr hoch ist und eine Unterbringung des Fahrrads schwierig sein kann. Zum Hotel Apollo / Tony's Inn (**), in der Via Faenza 77, Tel. 055 / 28 41 19, Fax 055 / 21 42 87 gehört eine Garage, in der man sein Fahrrad unterstellen kann. Das Hotel leitet der Fotograf Antonio Lelli mit seiner Familie, und überall im

Hause sind seine Bilder zu sehen. Natürlich mit Motiven von Florenz und allgemein aus Italien.

Allgemeine Informationen über die Region Florenz und die Stadt:
A.P.T. / Azienda di Promozione Turistica Firenze
Via Manzoni 16
I-50121 Firenze
Tel. 0039 / 55 / 233 20

Provinz Pisa

Der Küstenstreifen nördlich der Arnomündung wurde 1979 zum Naturpark erklärt. *Parco di Migliarino, S. Rossore* und *Massaciuccoli* sind Bereiche, in denen nicht gebaut werden darf. Hier liegen Pinienwälder, Moore und Sumpflandschaften. Teilweise wird Landwirtschaft betrieben.

Aus der Ebene um Pisa, nördlich des Arnotals, ragen die *Monte Pisano* empor. Diese Bergkette, die fast 1.000 Meter Höhe erreicht, weist einen vielfältigen mediterranen Bewuchs auf. Macchia-Wälder, Kastanien, Oliven und Eichen bieten Stachelschweinen, Dachsen und Waldkäuzen die geeigneten Lebensbedingungen. Erst vor kurzer Zeit wurden die Pisaner Berge mit Wander-, Fahrrad- und Reitwegen markiert. Von einem Hauptweg gehen etwa 30 verschiedene Wanderrouten ab.

Südlich des Arno ist das Gebiet überwiegend wellig. Aus sanften Hügeln, auf denen Weizen, Weinreben und Obst angebaut werden, ragen einzelne

Blumen und Terracotta

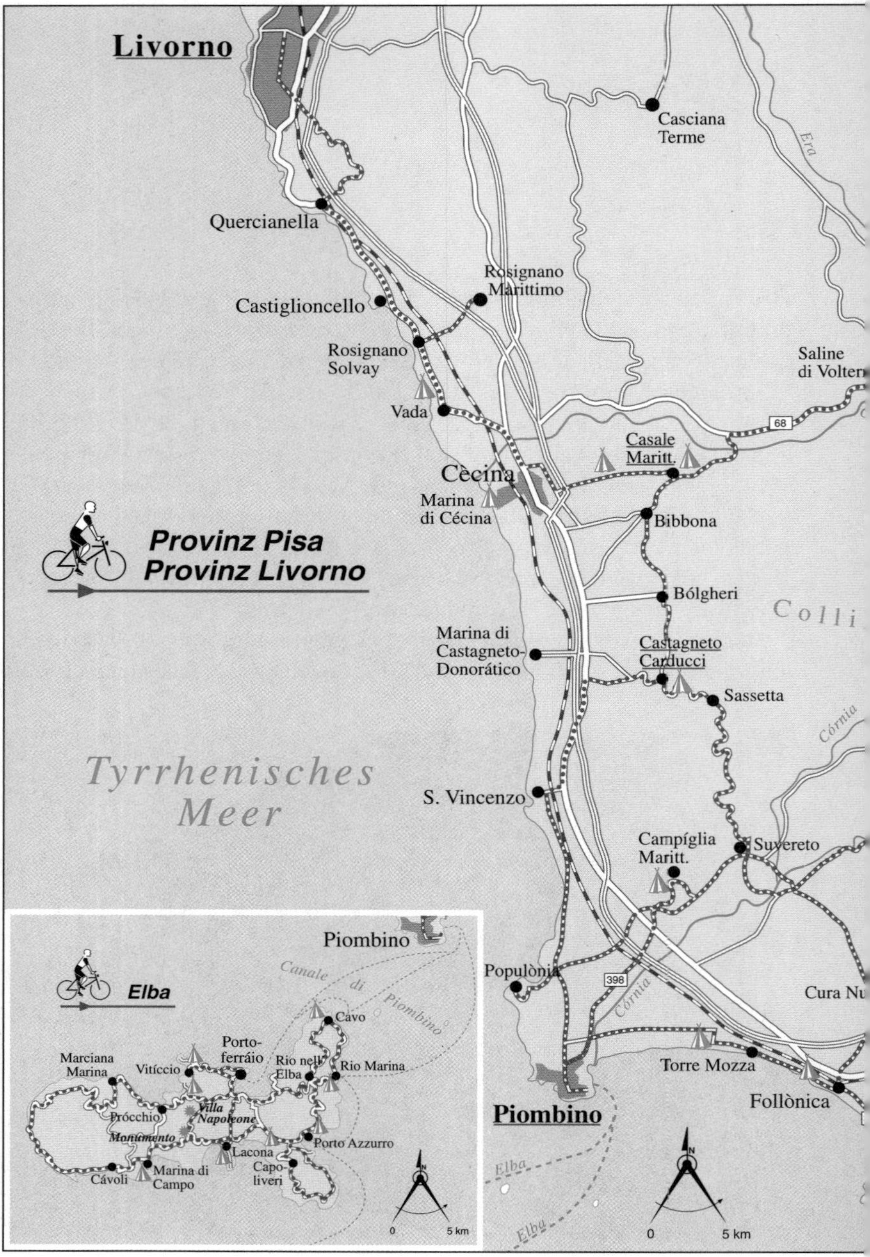

Livorno
Casciana Terme
Era
Quercianella
Rosignano Marittimo
Castiglioncello
Rosignano Solvay
Saline di Volterra
Vada
68
Casale Maritt.
Cècina
Marina di Cécina
Bibbona
Provinz Pisa
Provinz Livorno
Bólgheri
Colli
Marina di Castagneto-Donorático
Castagneto Carducci
Sassetta
Córnia
Tyrrhenisches Meer
S. Vincenzo
Campíglia Maritt.
Suvereto
Piombino
Canale di Piombino
Populònia
398
Cura Nu
Elba
Córnia
Cavo
Porto-ferráio
Marciana Marina
Vitíccio
Rio nell'Elba
Rio Marina
Torre Mozza
Prócchio
Villa Napoleone
Monumento
Porto Azzurro
Follònica
Lacona
Capo-liveri
Cávoli
Marina di Campo
0
5 km
Piombino
Elba
Elba
0
5 km

Greve
S. Giovanni
Valdarno
429
2
Tavarnelle
in Val di Pesa
Certaldo
Mura
Gambassi
Terme
taione
Panzano
Campana
Barberino
Val d'Elsa
Semifonte
Volpàia
Cavríglia
Larniano
Radda
in Chianti
S. Donato
in Perano
Poggibonsi
Vertine
S. Gimignano
Castellina
in Chianti
Gaiole
in Chianti
S. Lucia
408
Castello
di Brólio
Volterra
68
Colle di
Val d'Elsa
S.Régolo
222
Monteriggioni
Abbadia
Isola
Montagnola
429
S. Giusto
alle Mónache
484
Pianella
Castelnuovo
Berardenga
408
Siena
Sovicille
le Crete
438
Pievina
73
Larderello
Monteroni
d'Arbia
Corsano
Asciano
Grotti
Radi
L'Azienda
Mocine
Metallifere
223
Palazzina
Casanova
Vescovado
Fontazzi
Casciano
di Murlo
Murlo
Abbazia Monte
Oliveto Maggiore
S.Lorenzo
a Merse
S.Galgano
441
Monticiano
Pte. Macereto
Tocchi
451
Buonconvento
Bibbiano
2
Montepescini
Gabellino
Castiglione
del Bosco
Lamalesa
Soláia
Casabianca
Montalcino
Massa
Marrittima
Ombrone
Roccastrada
S.Antimo
Castelnuovo
dell'Abate
Orcia
Seggiano
Pagànico
Castel
del Piano
ino
Montepescali
Cinigiano
Arcidosso
d'Alma

Pliozänhügel (5 - 1,8 Mill. Jahre v. Chr.) hervor. Dazwischen liegen kleinere Wälder, unterbrochen von steilen Lehm- und Sandabstürzen, in die sich an Meeresfossilien reiche Furchen eingraben. Felsiger Kalkstein und Lavauntergrund sind Zeugen einer bewegten Vergangenheit.

Südlich des Flusses Cécina liegen die *Colline Metallífere.* Sich nahe der Oberfläche befindliche Lava und plötzliche Veränderungen der Felsmassen haben chemische Elemente bewegt, erhitzt und verdampft. Dadurch wurden bedeutende Metallvorkommen abgelagert. Heute ist die Zeit des Bergbaus vorbei. Die Landschaft wird durch Wälder und Weiden bestimmt. In *Larderello*, wo der endogene (im Erdinneren entstandene) Dampf genutzt wird, werden grüne Wiesen durch glänzende Stahlrohre kontrastiert.

1997 soll der neue Fahrradweg Pisa – Florenz fertiggestellt sein. Informationen hierzu erteilt A.P.T. Pisa (Adresse s. u.).

Tour 1: San Gimignano – Volterra

Die Tour ist wunderschön, jedoch anstrengend. Man sollte sich viel Zeit nehmen, um die 35 Kilometer zurückzulegen.

Sie verlassen *San Gimignano* der Ausschilderung nach *Certaldo* folgend und dann den Hügel hinauf Richtung Gambassi/Montaione. Auf dem Höhenrücken angekommen, verlassen Sie die Ihnen bekannte Strecke nach etwa zehn Kilometern und biegen links ab Richtung *Volterra* (15 km).

Langsam windet sich die Straße immer höher hinauf. Nur selten gibt der Wald die Sicht in die Umgebung frei. Einsam und ruhig, weit entfernt vom Touristenstrom, radeln Sie der Sonne entgegen. Nur äußerst selten kommt ein Auto vorbei, um gleich wieder in der nächsten Kurve vom Wald verschluckt zu werden.

Endlich sind 600 Höhenmeter erreicht, und der Blick auf die vor Ihnen liegende Hügellandschaft wird frei. Von der nächsten Kurve aus kann man Volterra im Dunst erkennen. Ganz geschlossen liegt die mittelalterliche Stadt auf ihrem Hügel und ein Wirrwarr von Häusern und Türmen ragt dunkel in den Himmel hinein.

Wieder geht es bergab, und dann erreichen Sie nach etwa 21 Kilometern die leider stärker befahrene SS 68. Auf ihr folgen Sie rechts der Hügelkette auf und ab, bis der letzte Anstieg hinauf nach *Volterra* vor Ihnen liegt.

Teilweise steil geht es in Serpentinen hinauf, und immer wieder heißt es anhalten für eine Verschnaufpause und den Blick über Hügel und Täler genießen, bis Sie die wundervolle Stadt *Volterra* endgültig für alle Mühen entschädigt.

i Übernachtungsmöglichkeiten bietet der Campingplatz *Le Balzé* oder auch das Kloster *Conto di Sant Andrea.*
»Conto di Sant Andrea« ist noch ein Geheimtip und kein Schild weist auf die Übernachtungsmöglichkeit hin. Die Preise sind moderat. Selbstverständlich bieten auch Hotels und Pensionen Übernachtungsmöglichkeiten an.

Die Weiterfahrt von Volterra nach Castagneto Carducci wird im Kapitel Livorno (Tour 1) beschrieben.

Städte • Sehenswürdigkeiten • Informationen

Provinzhauptstadt Pisa

Pisa liegt heute nur noch nahe der Arnomündung und spielte schon vor Genua und Venedig eine besondere Rolle als Stadt am Meer. Pisa war einmal reichste und größte Seemacht Europas. Anfang des 15. Jahrhunderts hat die Stadt diese Bedeutung abgeben müssen.

Berühmt ist die *Piazza dei Miracoli,* der »Platz der Wunder«. Hier befindet sich der weltberühmte Schiefe Turm, der weiße romanische Dom, der Rundbau des Baptisteriums und der alte Friedhof mit Fresken aus drei Jahrhunderten.

Daß Pisa eine Stadt der Bildhauer war, davon zeugen die Meisterwerke im Nationalmuseum. Pisa war aber auch immer ein Ort der Bildung. Mit der Universität, einer der ältesten Hochschulen Italiens, sollte Pisa für den Verlust seiner Seemacht entschädigt werden. Einer der bekanntesten Schüler und späterer Professor war Galileo Galilei.

Neben der Besichtigung der *Piazza dei Miracoli* sollten Sie sich für einen Spaziergang am Arno Zeit nehmen. Hier stehen alte Palazzos, und am letzten Junisonntag ist ganz Pisa auf den Beinen, wenn die Vertreter beider Stadtteile (linke und rechte Arnoseite) bei ihrem »Gioco del Ponte«, dem Seil-Duell in historischen Kostümen, gegeneinander antreten.

Museen

- Museo Nazionale San Matteo, Piazza Matteo in Soarta, Lungarno Mediceo, Tel. 050 / 54 18 65
  Das Nationalmuseum San Matteo ist im ehemaligen St. Matthäus Nonnenkloster (12. - 13. Jh.) untergebracht. Dort sind u.a. zahlreiche mittelalterliche Keramiken islamischer und pisanischer Herstellung sowie eine Vielzahl von Tafelgemälden zu sehen, die an die Zeit erinnern, als die Stadt Pisa die größte Seemacht des Mittelmeers war.
- Museo Opera del Duomo, Piazza Arcivescovado 6
- Museo delle Sinopie, Piazza del Duomo

Historische Bauten

Piazza dei Miracoli (Platz der Wunder)

- Battistero (Taufkapelle)
- Camposante Vecchio (alter Friedhof mit römischen Sarkophagen und legendärer Erde)
- Torre pendente (Schiefer Turm)

Piazza dei Cavalieri

- Chiesa dei Cavalieri di S. Stefano – Kirche der Ritter des Heiligen Stefan

Balkonszene ...

- Palazzo alla Carovana
- Palazzo dell' Orologio – Hungerturm
- Palazzo Arcivescovile
- Chiesa San Sisto (11. Jh.), Via Corsica
- Chiesa S. Michele in Borgo (12. Jh.)
- Chiesa S. Paolo all' Orto
- Chiesa Santa Maria della Spina
- Botanischer Garten (Eingang: Via L. Ghini)

Guardistallo

Etwa zehn Kilometer vom Meer entfernt liegt auf einem 300 Meter hohen Hügel der Ort *Guardistallo*. Von hier lohnt es sich, die Aussicht zu genießen. Über das Meer bis nach Elba, Capraia und Korsika oder ins Landesinnere bis nach Volterra. Vom Stadtturm aus hat man eine herrliche Sicht über die Dächer von Guardistallo.

Das Dorf hat sein mittelalterliches Aussehen bewahrt. Die geographische Lage wurde schon von den Langobarden (578 n. Chr.) ausgenutzt, von dort konnten sie die Hauptverkehrswege beobachten und unter Kontrolle halten: Die konsularische *Via Aurelia* und die *Via Emilia,* die alte etruskische Straße, die von Bassa Val di Cecina Volterra mit dem Meer verbindet, sowie die *Maremmana* nach Populonia und Baratti.

Historische Bauten

- Castello von 1404
- Stadtturm
- V. Marchionneschi Theater, Ende des 9. Jh.

Feste

- 2. Sonntag im Oktober:
  »Sagra della Polentata« – »Fest der Polenta«:
  Polenta, die auf verschiedenste Weise und mit diversen Soßen gekocht wird.
- 1. Sonntag nach St. Joseph (19. März):
  »Sagra della Crogiantina« – »Fest der Crogiantina« oder Bruschetta, mit Crogiato (geröstetem Brot) mit Knoblauch und neuem Olivenöl.

San Miniato

Ihre Bedeutung erlangte die Stadt San Miniato durch ihre geographische Lage. An der Mündung der beiden Flüsse Egola und Elsa in den Arno liegt

Römisches Theater in Volterra

sie direkt am Hang, auf etwa 140 Meter Höhe. Von hier aus kann man auf die *Via Francigena*, die Pilgerstraße, die von Nordwesteuropa über Lucca und Siena nach Rom führt, sowie auf die Straße zwischen Florenz und Pisa hinabschauen, die sich hier kreuzen.

San Miniato ist nicht überlaufen, hier sind noch viele kleine Lebensmittelgeschäfte zu finden, dafür weniger Souvenirläden. Ein Bummel durch die mittelalterlichen Gassen lohnt allemal!

Museum
Diözesanmuseum für sakrale Kunst

Historische Bauten
- Dom (13. Jh.) mit seinem mächtigen Glockenturm
- ehemaliger Kaiserpalast (12. Jh.), heute Hotel Miravalle
- Rathaus (14. Jh.)
- St. Domenikus-Kirche (1330)
- Kirche San Francesco
- Hl. Kreuzkirche (SS. Crocifisso)

Feste

- Viehmarkt am Sonntag vor Ostern
- Drachenfest am 1. Sonntag nach Ostern
- Juni: Feuer von San Genesio
- August: Palio von San Rocco, Theaterfestival
- 3. Samstag im Oktober: »Festa del Tartufo«, Pilz- und Trüffelfest in Balconevisi
- Letzter Sonntag im November: Verkaufsausstellung des weißen Trüffels in San Miniato

Volterra

Gut erhaltene mittelalterliche Stadt. Volterra war eines der bedeutendsten Amtsgebiete eines etruskischen Stadtstaates. Berühmt ist Volterra für seinen Alabaster, der seit dem 8. Jahrhundert v. Chr. verwendet wird. Während der etruskischen Zeit zwischen dem 6. und 1. Jahrhundert v. Chr. war Volterra das Hauptzentrum für die Herstellung von alabasternen Aschenurnen. Mit dem Ende der römischen Epoche hörte auch die Alabasterproduktion auf. Erst seit dem 16. Jahrhundert wird Alabaster erneut verarbeitet, seitdem jedoch im künstlerischen Bereich.

Museen

- Museo Etrusco e Biblioteca Guarnacci, etruskisch-römische Funde, Via Don Minzoni 15
- Pinacoteca Civica/Palazzo Minucci Solaini – Pinakothek und Bürgermuseum (Gemälde)
- Diözesan-Museum (Vielzahl an textilem Material, Chorbücher mit Miniaturen und den Skulpturen senesischer Schule aus dem 13. Jh.)

Historische Bauten

- Medici-Festung aus dem 16. Jh. im archäologischen Park
- Priorenpalast aus dem 13. Jh.
- Römisches Theater aus dem 1. Jh. v. Chr.

Parks und Naturschutzgebiete

Pisa

L'Orto Botanico di Pisa – Botanischer Garten der Univerität in Pisa, der 1543 von Luca Ghini eingerichtet wurde, als ihm von Cosimo I., Großherzog der Toskana, der Lehrstuhl für Botanik in Pisa angeboten wurde. Der Botanische Garten Pisas ist somit der älteste in Europa, der innerhalb einer

Ankunft in Volterra

Universitätsstruktur entstanden ist. Er hat zweimal seinen Standort verändert, bis er endlich 1591 an seinem heutigen Platz, zwischen Via S. Maria und Via Roma, in der Nähe des Schiefen Turms, angelegt wurde. Öffnungszeiten: Montag bis Freitag 8.00 - 13.00 Uhr, 14.00 - 17.30 Uhr, samstags 8.00 - 13.00 Uhr, sonn- und feiertags ist der Garten geschlossen.

Pisanische Küste

Parco Naturale Regionale Migliarino – San Rossore – *Massaciuccoli*
Der Regionalpark Migliarino, San Rossore und Massaciuccoli erstreckt sich über 23.000 Hektar zwischen Viareggio und Livorno und erfaßt somit den gesamten Küstenstreifen der Provinz Pisa. Hier sind viele seltene Tier- und Pflanzenarten zu Hause, denn vom Sumpfgebiet über Steineichen- und Mischwälder bis zum Pinienhain sind die verschiedensten Landschaftstypen vorhanden. Wasserläufe laden zum Kanufahren ein, Fahrrad- und Wanderwege zur Erkundung an Land.

Im *Naturpark San Rossore* befindet sich der Landsitz des italienischen Präsidenten. Hinter dem parallel verlaufenden Küstenstreifen Gombo, der sich rechts der Arnomündung bis zum Fluß Serchio erstreckt, liegt der Strand von *Marina di Vecchiano.* Er ist über Migliarino zu erreichen, indem

Sie die Privatstraße, die den Park des Landbesitzes des Duca (Herzog) Salviati durchquert, entlangradeln. Park und Strand sind frei zugängig. Die Badeorte Marina di Pisa und Tirrenia liegen an der linken Arnoseite.

Kulinarische Spezialitäten

Die Küche in der Provinz Pisa ist häufig einfach, aber sehr schmackhaft. *Pappardelle alla Lepre* (breite Nudeln mit Hasensoße), Suppe mit Gartenkresse sowie fritiertes Huhn sind kulinarische Spezialitäten vorwiegend im Süden der Region. Ebenso gilt der Käse von Lucardo, der schon im 13. Jahrhundert berühmt war, als besonders empfehlenswert. Als Wein ist der *Vernaccia,* ein weißer DOC-Wein, das typische Getränk der Gegend.

Im Norden der Provinz werden die Weine aus den Hügeln Mitteletruriens gewonnen. In einem Restaurant aus der Region stehen *Torta coi Bischeri, Pasta e ceci* (Teigwaren mit Kichererbsen) sowie Stockfisch nach Pisaner Art als regionale Besonderheiten auf der Speisenkarte.

Verkehrsmittel

Bus

- LAZZI – Pisa Tel. 050 / 462 88
- A.C.I.T. – Pisa Tel. 050 / 50 23 77
- Azienda Pisana Trasporti – Volterra Tel. 0588 / 861 86
- Pomarance Tel. 0588 / 673 70

Eisenbahn + Fahrrad

FS – Pisa Tel. 050 / 413 85

Übernachtungsmöglichkeiten

In Pisa, etwa einen Kilometer vom Schiefen Turm entfernt, liegt das *Centro Turistico Madonna Dell' Acqua.* Dieses touristische Zentrum bietet Übernachtungen für Gruppen, Familien und Einzelreisende in Zwei, Drei, Vier- und Fünfbettzimmern zu äußerst günstigen Preisen.

Das Zentrum ist ganzjährig geöffnet und befindet sich mit einer Jugendherberge in der Via Pietrasanta 15, 56100 Pisa, Tel. 050 / 89 06 22.

Jugendherbergen

- Ostello della Italiano – Via Pietrasantina 15, 56100 Pisa, Tel. 050 / 89 06 22
- Ostello per la Gioventu – Via Don Minzoni, 56048 Volterra, Tel. 0588 / 855 77

Hotels

- San Miniato: 3-Sterne-Hotel Miravalle, Piazza Castello 3, Tel. 41 80 75
- Volterra: Volterra bietet mehrere 3-Sterne- und ein 4-Sterne-Hotel
- Guardistallo: Hotel-Residence Il Borgo, Tel. 0586 / 65 50 35

Camping

- Casale Maríttimo: »Campeggio Valle Gaia«, Via Cecinese, Tel. 0586 / 681 236, geöffnet: 4. April - 20. Oktober
- Volterra: Kommunaler Campingplatz, Le Balze (**), Via Mandringa, Tel. 0588 / 878 80, geöffnet: 25. März - 30. Sept.
- Guardistallo: Campingplatz-Residence »Il Borgo«, Via del Pogetto, Tel. 0586 / 65 50 88, geöffnet: 1. April - 30. Sept.
- Montescudáio: Camping »Montescudáio«, Tel. 0586 / 683 477, Fax 0586 / 630 932, geöffnet: 1. Mai - 30. Sept.
- Pisa: Camping Bungalow »Torre Pendente«, Viale delle Cascine 86, 56100 Pisa, Tel. 050 / 56 06 65, Fax 050 / 56 17 04, geöffnet: 15. März - 30. Sept.

Campingplätze am Meer sind viele vorhanden, die hier nicht alle aufgeführt werden. Ein Zentrum ist Terrénia, aber auch in Marina di Pisa können Sie ein Zelt aufschlagen.

Teilweise ist es möglich, Ferien auf dem Lande auch mit dem Zelt zu erleben. Hierüber sollten Sie sich auf jeden Fall erkundigen.

A.P.T. Azienda di Promozione Turistica Pisa
Via B. Croce 24, I-56100 Pisa,
Tel. 0039 / 50 / 402 02
Fax 0039 / 50 / 409 03

Informationen über die Naturparks an der Pisanischen Küste:
Parco Naturale Migliarino – S. Rossore
Via Aurelia Nord 4, I-56122 Pisa
Tel. 0039 / 50 / 52 55 00

Spezielle Informationen über das Tal der Cécina:
Comunitá Montana val di Cecina
Via Roncalli 38, I-56045 Pomarance (PI)
Tel. 0039 / 588 / 640 22
Fax 0039 / 588 / 645 65

Provinz Livorno

Die Provinz Livorno erstreckt sich über etwa 100 Kilometer entlang der tyrrhenischen Küste. Sie schließt *Elba,* die drittgrößte Insel Italiens sowie die Inseln *Capráia* im Norden und *Pianosa* und *Montecristo* im Süden mit ein.

Die tyrrhenische Küste zeigt ein Wechselspiel zwischen Klippen und Sandstrand, wilder Macchia, Pinienwäldern und Weinbergen. Im Norden, wo die Berge vulkanischen Urspungs sind, werden wertvolle Thermalquellen für Bäder und Schwimmbecken genutzt. Im Süden überwiegt Kalkstein mit Karstbildungen und Erzvorkommen.

Das milde, mediterrane Klima sorgt für wenig Extreme. So schwankt die Durchschnittstemperatur zwischen 8,4° C im Januar und 23,5° C im August. Dies sind ideale Bedingungen für den Anbau von Wein und Oliven. Bei einer Tour von Cécina nach Piombino können Sie der *Strada del Vino* (Weinstraße), oberhalb der Küstenstraße über die Hügel, folgen, von der Sie immer wieder herrliche Ausblicke über das Meer und den Küstenstreifen genießen können. Wer der Küste von Livorno folgt, der kann sich Reste alter etruskischer Siedlungen ansehen und zwischendurch in herrlichen kleinen Buchten einen kühlendes Bad nehmen.

Elba ist mit einer Fläche von 224 Quadratkilometern die größte Insel des toskanischen Archipels, auch die bekannteste. Viele Touristen haben die wunderschöne Natur, das milde Klima, die weißen Sandstrände vor türkisblauem, klaren Wasser und die kulturellen Sehenswürdigkeiten für sich entdeckt. Im Westen ragen Berge aus Granit bis über 1.000 Meter über dem Meeresspiegel in den Himmel. Die Hänge dicht bewaldet, bietet der *Monte Capanne*, mit seinen 1.019 Metern der höchste Inselberg, Mufflons, Rothühnern und Greifvögeln Schutz. Die Insel ist zur Hälfte mit Wald bedeckt, und die etwa 28.000 Einwohner leben überwiegend in den größeren Ortschaften wie Portoferráio (12.000), Marina di Campo (4.000), Porto Azzurro (3.000) und Capolíveri (2.200).

Im Osten der Insel finden sich Erzabbaugebiete. Jahrhundertelang sorgten sie einerseits für den Reichtum der Insel, andererseits führten sie immer wieder zu blutigen Auseinandersetzungen.

Die Etrusker, die der Insel ihren Namen gaben (Ilva = Eisen), waren nicht die ersten, die wegen der reichen Bodenschätze, besonders Eisenerz und Kupfer, die Insel besiedelten. Vor ihnen waren es die Ligurer. Den Etruskern folgten die griechischen Sizilianer, dann die Römer, die die Insel ebenfalls wegen ihrer waffentechnischen Bedeutung eroberten. Im Mittelalter stritten die mächtigen Stadtrepubliken Pisa und Genua um die Vorherrschaft. Auch die Araber meldeten Besitzansprüche an und sorgten immer wieder für Zerstörungen der Orte. Allerdings schafften sie es nie, sich vollends auf der Insel zu etablieren.

Im 15. und 16. Jahrhundert übten die Appiani aus Pisa ihre schwache Herrschaft aus. Zu dieser Zeit besetzten Piraten einen kleinen Teil der Insel. Dann wechselten die Mächtigen schnell, und in kurzer Folge wehte erst die spanische, dann die französische, danach die der Habsburger und schließlich die englische Fahne über Elba. Die Jahre 1814 und 1815 machen die Insel schnell berühmt. *Napoleon* bekommt hier seinen Wohnsitz, sein Exil wird ihm mit allen Souveränitäsrechten überlassen. In knapp zehn Monaten bringt er der Insel einen kräftigen Aufschwung. Er läßt die zerstörten Ortschaften sanieren, sorgt für eine Verbesserung der Infrastruktur, indem er den Straßenbau vorantreibt, und reformiert die Verwaltung. Noch heute genießt der ehemalige französische Kaiser hohes Ansehen. In *Portoferráio* wird alljährlich am 5. Mai in der Misericordia-Kirche eine Messe für ihn gehalten.

Seit 1815 gehört Elba zur Toskana, erlebte dann die italienische Vereinigung und 1860 den friedlichen Anschluß an das Königreich Italien. Nach Ende des Zweiten Weltkriegs tritt der Abbau von Erzen immer mehr in den Hintergrund. Heute stellt der Tourismus die weitaus größte Einnahmequelle Elbas dar.

Tour 1: Volterra – Castagneto Carducci

Volterra – Bibbona – Bólgheri – Castagneto Carducci (55 km)

Die Etappe führt ausschließlich über asphaltierte Straßen. Zuerst geht es steil den Hügel hinunter, dann folgen Sie dem Lauf der *Cécina* Richtung Meer und schließlich radeln Sie auf ruhigen, kleinen Landstraßen die dem Tyrrhenischen Meer vorgelagerte Hügelkette hinauf.

Pause im Chianti

Sie verlassen Volterra Richtung *Cécina*. Rasant geht es auf der SS 68 dem Meer entgegen. An der nächsten Kreuzung erreichen Sie den Flußlauf der Cécina, dem Sie weiter geradeaus folgen. Sollten Sie den Eindruck haben, daß Sie stark in die Pedale treten müssen, obwohl die Strecke doch sichtbar bergab führt, so liegt dies an dem starken Westwind, der Ihnen vom Meer durch das Tal entgegenbläst.

Nach etwa 17 Kilometern taucht rechter Hand ein kleiner Imbiß in einer Holzhütte auf. Viele Italiener haben hier ihr Auto geparkt und sitzen fröhlich gestikulierend an kleinen Holztischen, essen und trinken und lassen es sich sichtlich gutgehen. Wer es etwas ruhiger möchte, der sollte noch etwas weiterfahren, bis das Dorf *Ponteginori* erreicht ist. Auf der rechten Straßenseite finden Sie einen Picknickplatz mit Tischen und Bänken, wahlweise in der Sonne oder unter schattenspendenden Bäumen.

Nach etwa 25 Kilometern verlassen Sie die SS 68 nach links, überqueren die Cécina und folgen der Ausschilderung nach *Bibbona*. Wer von einem der schönsten Aussichtspunkte der Toskana über das Meer schauen will, der fährt die nächste Straße rechts hinauf nach *Guardistallo*. Vom Castello haben Sie eine grandiose Sicht die Etruskerküste entlang, über das Meer bis nach Elba.

Wer auf den steilen Anstieg verzichten will, der fährt erst die zweite Straße rechts hinauf Richtung Bibbona/SS 1 Aurelia. Nun windet sich der Weg den Hügel hinauf und an der nächsten Gabelung können Sie sich nochmals entscheiden, ob Sie den steilen Anstieg nach *Guardistallo* nehmen oder links ab etwa 100 Meter unterhalb des Ortes die Hügelkette queren wollen. Wer die weniger kräftezehrende Route bevorzugt, der fährt hier links um den Hügel herum und kann nach wenigen 100 Metern den Ausblick über das Meer genießen.

In Serpentinen führt die Straße wieder hinunter Richtung *Bibbona*. Wenn Sie den Ort erreicht haben, biegen Sie links ab und gleich wieder rechts, wo Sie nun der Ausschilderung Richtung *Bólgheri* folgen. Eine wunderbare Strecke, immer oberhalb der Küste, führt Sie durch sanfthügelige Landschaft von einem Flußtal ins nächste. Sie befinden sich in einem großen Weinanbaugebiet und folgen der ruhigen, fast autofreien Weinstraße. Diese führt von Cécina über Montescudaio, Guardistallo, Casale Maríttimo, Bibbona, Bólgheri, Castagneto Carducci, Sassetta, Suvereto und Campiglia Maríttima bis nach Piombino.

i Viele Höfe bieten ihre Produkte zum Verkauf an und viele Schilder weisen auf Ferien auf dem Bauernhof hin, zum Teil mit Campingmöglichkeit.

An der nächsten Straßengabelung folgen Sie der Ausschilderung links, Richtung *Bólgheri/Roma.* Wenn Sie auf die Querstraße stoßen, fahren Sie entweder rechts hinauf, um sich Bólgheri mit seinem wunderschönen Castello näher anzusehen, oder rechts ab Richtung *Castagneto Carducci.* Bevor Sie die schnurgerade Allee hinunterrollen, sollten Sie anhalten und dieses Bild genießen. Eine der schönsten toskanischen Zypressenalleen liegt vor Ihnen. Ein Stück fahren Sie auf ihr dem Meer entgegen, um sie jedoch bald wieder links Richtung Castagneto Carducci/Roma zu verlassen.

i Nach etwa 53 Kilometern taucht linker Hand der *Campingplatz le pianacce* auf. Schließlich stoßen Sie erneut auf eine Querstraße. Linker Hand das vorletzte Haus ist das Hotel/Ristorante *Zi' Martino.* Wer erst bei der nächsten Etappe nach Castagneto Carducci hinaufradeln möchte, der sollte sich hier ein Zimmer nehmen. Das Restaurant bietet typisch toskanische Gerichte und natürlich den guten Wein der Region.

Tour 2: Castagneto Carducci – Piombino

Castagneto Carducci – S.Vincenzo – Populónia – Piombino (40 km)

Von der Weinstraße aus *Bólgeri* kommend, radeln Sie etwa 500 Meter links hinauf Richtung *Castagneto Carducci* und folgen dann rechts der Ausschilderung Richtung *Roma*. Eine herrliche, verkehrsarme Landstraße bringt Sie hinunter zur Nebenstraße der Via Aurelia. Hier links, Richtung *Roma*. Schließlich überquert die Straße die Via Aurelia und führt auf der rechten Seite parallel zu ihr weiter. Die nächste Möglichkeit biegen Sie rechts ab nach *S. Vincenzo*. Hier ist alles auf Badetouristen abgestimmt. Eine Fußgängerzone lädt zum Bummeln ein, und der Strand bietet Sonnenhungrigen genügend Platz.

Sie folgen der Küstenstraße Richtung *Piombino*. Nach einigen privaten Ferienparks finden wir rechter Hand im Pinienwald den Hinweis auf den *Parco Naturale di Rimigliano*. Er lockt mit herrlichen Wanderwegen und einem weißen Sandstrand. Dieser öffentliche Naturpark ist so eingezäunt, daß kein Auto- oder Motorradfahrer die Chance hat, hineinzugelangen. Viele kleine Rastplätze mit Tischen und Bänken, von hohen Pinien beschattet, laden zum Pausieren und Picknicken ein.

Weiter Richtung Piombino, bis Sie auf den Wegweiser rechts hinauf nach Populónia treffen. Hier sollten Sie sich unbedingt für einen Abstecher Zeit nehmen. *Populónia* gilt als die wichtigste etruskische Stadt an der Küste. Von hier kontrollierten die Etrusker die Minerallager auf Elba und von Campiglien. Zwischen dem Vorgebirge von Populónia und dem Golf von Baratti können Sie die Reste von Grabstätten und Ringmauern sowie eine Akropolis aus dem 7. - 6. Jahrhundert v. Chr. bewundern. Im *Museum Gasparri* können Sie auf Anfrage die private Sammlung besichtigen, die eine Übersicht über die verschiedenen, aufeinanderfolgenden Kulturen auf dem Gebiet der antiken Stadt gibt.

Wieder zurück auf der Hauptstraße radeln Sie weiter Richtung *Piombino*. Noch einmal geht es ein wenig bergan und dann liegen Sie vor Ihnen: die Schlote der piombinischen Metallindustrie. Wer mit dem Schiff nach Elba weiterreisen möchte, der folgt der Ausschilderung zum *Porto,* dem Hafen der Stadt. Wer Elba nicht unter die Räder nehmen möchte, dem empfehlen wir, Piombino rechts liegen zu lassen (wenn Sie sich die vielen historischen Bauten der Stadt nicht ansehen möchten) und lieber nach *Populónia* der nächsten großen Abzweigung links Richtung *Roma/Follónica* zu folgen, und so auch automatisch die Campingplätzen von Piombino zu erreichen.

Tour 3a: Ísola d' Elba

Vitíccio – Portoferráio – Lacona – Monumento – Monte S. Martino – S. Martino – Portoferráio – Vitíccio (34 km)

Die Tour führt von *Portoferráio* quer über die Insel und somit über die Hügelkette. Oben bietet sich ein herrlicher Ausblick, zurück zur Nordseite und nach vorn auf die Südküste der Insel. Die Bucht von Lacona bietet einen traumhaften Sandstrand und lädt zu einer nassen Abkühlung ein.

Die Rückfahrt ist etwas für Mountainbike-Fans. Wem die steinigen Wege durch die Berge mißfallen, der radelt an Monumento vorbei, dann rechts Richtung Flughafen/Procchio und in Procchio rechts nach Portoferráio.

Von *Vitíccio* radeln Sie die Küstenstraße entlang nach Portoferráio, wo Sie links der Hauptstraße Richtung Porto Azzuro folgen. Nach kurzer Zeit kommen Sie an eine Abzweigung rechts hinauf Richtung *Lacona*. Dieser folgen Sie in Serpentinen, durch Olivenhaine, den Hügel hinauf.

Oben angekommen können Sie ebenso die rauhe Nordküste wie die Sandstrände der Südküste bewundern. Dann führt die Straße steil hinunter. Sie biegen links ab, radeln bis zur großen Kreuzung und lassen sich dann rechts zum Strand hinunterrollen. Noch einmal biegen Sie links ab zum *Spiaggia Grande,* zum großen Strand. Nun sollten Sie einen Sprung ins kühle Naß wagen und sich ein wenig im warmen Sand ausstrecken, ehe Sie schließlich die Rückfahrt antreten.

i Restaurants und Bars, in denen Sie häufig in deutscher Sprache begrüßt werden, bieten Stärkung.

Vom *Spiaggia Grande* fahren Sie rechts auf die Küstenstraße Richtung *Monumento/Marina di Campo*. In Serpentinen schraubt sich die Straße hinauf und bietet immer wieder neue Aussichten. Nachdem Sie den höchsten Punkt erreicht haben, folgen Sie bei *Monumento* dem steinigen Weg rechts am Hang entlang. Hier werden Fahrer und Material stärker beansprucht. Rechts hinunter haben Sie tolle Ausblicke ins Tal und schließlich kommen Sie an einen Querweg. Wanderzeichen weisen die Richtung. Sie biegen rechts und dann wieder links ab zum *Monte S. Martino* (360 m). Die herrliche Landschaft hier oben wird leider zum Motocrossfahren genutzt, die Spuren sind nicht zu übersehen. Sie folgen dem Weg rechts um den Berg herum, der durch den Wald führt. Die Strecke führt in Serpentinen rechts am Hang entlang weiter.

Schließlich wird der Weg mehr und mehr zum Pfad. Der Regen hat eine Rinne ausgewaschen. Vorsicht! In engen Serpentinen geht es nun hinunter und plötzlich stoßen Sie auf eine Asphaltstraße. Sie radeln rechts hinunter und schon liegt die *Villa Napoleone* vor Ihnen, die einstige Sommerresidenz des Verbannten. In diesem schlichten Gebäude befindet sich heute die *Pinacoteca Foresiana,* in der neben einer Statuen- und Gemäldesammlung einige Orginalmöbel aus der Zeit Napoleons zu sehen sind. Über S. Martino rollen Sie zur Hauptstraße hinunter, die Sie rechts zurück nach Portoferráio und Vitíccio bringt.

Tour 3b: Ísola d' Elba

Portoferráio – Prócchio – Marciana Marina – Marciana – Cavoli – Marina di Campo – Lacona – Capolíveri – Porto Azzurro – Rio Marina – Cavo – Rio nell' Elba – Portoferráio (120 km)

Die große Rundtour um die Insel Elba ist uneingeschränkt zu empfehlen, Radreisende sollten jedoch als Reisezeit das Frühjahr mit seiner üppigen Blumenpracht und den Herbst bevorzugen, da in der Hauptsaison die Ringstraße von Portoferráio bis nach Marciana Marina und in die andere Richtung bis Porto Azzurro übervoll von Autos und Campern ist.

[i] Auf Elba gibt es etwa fünfzehn Campingplätze, diverse Hotels und viele Möglichkeiten für Urlaub auf dem Bauernhof, so daß Sie die Rundtour an etlichen Stellen unterbrechen können. Wo es Ihnen gefällt, sollten Sie bleiben und diese einmalige Insel auf sich wirken lassen.

Die hier beschriebene Gesamtstrecke umfaßt etwa 120 Kilometer, die jedoch im Bereich Capolíveri oder Cavo gekürzt werden können. Auch haben Sie diverse Möglichkeiten, die Insel zu überqueren und nur einen Teilbereich zu erkunden.

Wer die Insel lieber ohne Gepäck befahren möchte, dem empfehlen wir den Campingplatz *Acquaviva*, mit seiner kleinen, eigenen Badebucht, zwischen Portoferráio und Vitíccio. Vom Hafen in Portoferráio ist es nicht weit, und die teilweise kräftigen Anstiege auf der Ringstraße können so erleichtert erobert werden.

»Dolce Vita«

Die Tour startet von *Portoferráio*, dem Hauptort und -hafen der Insel. Hier hatte sich Napoleon mit seinem Hofstaat niedergelassen. In der *Villa dei Mulini* können Sie den Offizierssaal sowie Napoleons Schlaf- und Arbeitszimmer besichtigen. Die Bibliothek von Portoferráio enthält neben etwa 1.000 historischen Werken eine fast vollständige Sammlung der französischen Zeitung »Moniteur Universel«.

Sie verlassen Portoferráio Richtung *Marciana Marina/Prócchio*. In Serpentinen geht es hinauf und nach Erreichen der Höhe haben Sie einen wundervollen Ausblick auf die westliche Nordküste und den Monte Capanne (1.019 m), den höchsten Berg Elbas. Einzelne Buchten mit ihren Sandstränden und kleinen Hotels laden zum Bleiben ein. In einer rasanten Abfahrt sausen Sie an den Stichstraßen nach *Scaglieri* und *Biódola* vorbei und erreichen den ebenfalls touristisch ausgerichteten Ort *Prócchio*.

Von Prócchio radeln Sie auf der Küstenstraße nach *Marciana Marina*. Der kleine Ort wird von einem prächtigen Turm aus dem 12. Jahrhundert beherrscht, den die Pisaner zum Schutz gegen die zahlreichen Piratenangriffe errichteten.

Nun führt die Straße links ab und windet sich die Hügel hinauf. Nach einem steilen Anstieg erreichen Sie auf etwa 330 Höhenmetern *Poggio*.

Wunderschön liegt der kleine Ort auf einer mächtigen Felsterrasse, eingebettet in die dicht bewaldeten Hänge des Monte Capanne. Noch ein Stück weiter hinauf kommen Sie nach *Marciana Alta.* Eine Seilbahn führt auf den alles überragenden *Monte Capanne,* von dem man bei klarem Wetter eine hervorragende Aussicht hat. Wer gerne wandert, der sollte ein paar Tage bleiben, denn *Marciana* und *Poggio* sind Ausgangs- und Endpunkt vieler Wanderwege durch den *Naturpark des Monte Capanne*, bis hinauf zu seinem Gipfel. Sehenswert in *Marciana* sind die Reste der Pisanischen Festung aus dem 12. Jahrhundert und das Museum mit seinen interessanten Fundstücken aus der frühromanischen Zeit.

Nach rasanter Abfahrt Richtung Meer führt die Inselstraße wieder parallel zur Küste. In Schlangenlinien geht es zum westlichsten Punkt der Insel, dem *Punta Nera.* Die von Badegästen besonders geschätzte Südseite der Insel wird durch die Berge vor den Nordwinden geschützt und bietet in ihren Buchten traumhafte Sandstrände vor türkisblauem Wasser. Bei guter Sicht können Sie von der Küstenstraße bei Chiessi die Inseln Capraia und Korsika erkennen. Auf der *Strada del Sole* radeln Sie vorbei an den bekannten Buchten von Fetováia und Cávoli und erreichen schließlich das Touristenzentrum *Marina di Campo.* Der beliebte Badeort wird von einem Turm der Medici beherrscht, dem *Torre della Marina.*

Vorbei am kleinen Flughafen treten Sie nun wieder bergauf, bis Sie die Höhe von Monumento erreicht haben. Von hier können Sie die herrliche Aussicht auf die großen Badebuchten Golfi di Lacona und Stella und links hinein in das bewaldete Tal genießen. Und dann sausen Sie zu den weißen Sandständen hinunter.

Nun führt die Straße ein wenig ins Landesinnere. Hier können Sie entweder links fahren, zurück Richtung *Portoferráio* oder rechts ab weiter der Ausschilderung nach *Porto Azzurro* und zu den Eisenerzgebieten Elbas folgen. Nachdem Sie die Wälder und die hohen Granitfelsen der Nordwest-Seite verlassen haben, kommen Sie nun in eine felsigere Landschaft, in der Kiesstrände und Steilküsten vorherrschen.

Wer Zeit hat, der sollte noch einen Abstecher nach *Capolíveri* unternehmen. Das kleine Bergdorf liegt auf etwa 160 m und ist vom Tourismus bisher verschont geblieben. Es bietet einen herrlichen Ausblick über die Insel. Auf der Schotterstraße kann man den Monte Calamita umradeln. Hier stoßen Sie auf die ersten Minen der Insel. Auf dem Weg von Capolíveri nach Palazzo zweigt eine kleine Schotterstraße rechts ab zum Heiligtum der *Madonna delle Grazie.* Am Ende der Rundtour, kurz vor Erreichen der

Hauptstraße nach Porto Azzurro, können Sie einen Abstecher an die nordöstliche Spitze der Halbinsel nach *Naregno* unternehmen. Hier zeugt noch heute das sternförmig angelegte *Forte Focardo* von den einstigen spanischen Besatzern.

Auf der Hauptstraße erreichen Sie schließlich *Porto Azzurro*. Die mächtige Festung *Forte di San Giacomo* ragt hoch über der Stadt auf, doch wollen Sie diese wahrscheinlich nur von außen in Augenschein nehmen, dient sie doch heute als Strafanstalt. Anfang des 17. Jahrhunderts ließ der Spanier Philipp III. diese sternförmige Zitadelle als Reaktion auf die Befestigung Portoferráios durch die Medici errichten. Porto Azzurro ist der größte Fischereihafen Elbas. Von hier verkehren in den Sommermonaten die Fähren zum Festland und Schiffe zu der kleinen Insel Pianosa, die Sitz einer Strafkolonie ist.

Von Porto Azzurro windet sich die Straße die Hügel hinauf nach Rio nell' Elba und Rio Marina. Die beiden Ortschaften erlangten ihren Reichtum in der Vergangenheit durch den Abbau der nahegelegenen Erzminen. In *Rio Marina,* der Ortschaft am Meer, sollten Sie unbedingt das Mineralienmuseum im Rathaus besichtigen.

Nun führt Sie die Küstenstraße auf und ab bis zur Nordspitze der Insel nach *Cavo*. Auch dieser Ort lebte in der Vergangenheit von den Erzvor-

Nicht alle aus einem Wurf

kommen. Außerdem können Sie am *Capo Castello* die Reste einer ehemaligen Römerstadt bewundern. Wer nicht die gleiche Strecke wieder zurückfahren möchte, der hat die Möglichkeit, wie ein Wellenreiter auf und ab über die Hügel zurück nach Rio nell' Elba zu radeln. Traumhafte Ausblicke über die Insel und das Meer laden immer wieder zum Anhalten und Schauen ein.

In *Rio nell' Elba* folgen Sie der Hauptstraße rechts Richtung Portoferráio. Nachdem Sie einige Pässe überwunden haben, kommen Sie zu dem kleinen Dorf *Le Panche*, von wo Sie unbedingt einen Abstecher zur einmalig gelegenen Festung von *Volterráio* unternehmen sollten.

Rasant führt die Abfahrt nun hinunter, vorbei am botanischen Garten nach *Ottone.* Hier biegen Sie links ab auf die Hauptstraße und folgen der Küste zurück nach Portoferráio.

Tour A1: Livorno – Casale Maríttimo

Livorno – Castiglioncello – (Abstecher nach Rosignano Maríttimo) – Vada – Marina di Cécina – Cécina – Casale Maríttimo (45 km)

Die Strecke führt bis Marina di Cécina immer an der Etrusker-Küste entlang. Durch Antignano, den noblen Vorort von Livorno mit seinen Stadtvillen, geht es gen Süden. Vor Quercianella überwinden Sie eine kleine Anhöhe. Herrliche, kleine Badebuchten laden zum Verweilen ein. In Marina di Cécina biegen Sie links ab nach Cécina und in die Hügel nach Casale Maríttimo.

Sie starten in *Livorno* und folgen der Küstenstraße, an den herrlichen Stadtvillen vorbei, Richtung *Castiglioncello.* Dieses einladende Städtchen ist ein traditioneller Badeort zwischen Pinien und Steineichen. Wer sich für die Geschichte der Küste interessiert, der sollte sich den Abstecher zum Archäologischen Museum im Castello von *Rosignano Maríttimo* nicht entgehen lassen. Dazu biegen Sie in Castiglioncello links ab und folgen der Ausschilderung.

Weiter geht es an der Küste entlang nach *Vada*, wo sich in der spätromanischen Etruskerzeit der Hafen von Volterra befand. Hier sollten Sie die berühmten Ausgrabungen von *S. Gaetano di Vada* besichtigen. Dafür wenden Sie sich an das Museum von Rosignano Maríttimo!

Schließlich erreichen Sie Marina di Cécina, wo Sie links nach Cécina abbiegen. Sehenswert sind die Ausgrabungen in *S. Vincenzino* und das Etruskisch-Römische Museum im Gutshof von *La Cinquantina*.

Nun können Sie sich entscheiden, ob Sie über Montescudáio und Guardistallo nach Casale Maríttimo radeln, direkt nach Guardistallo hinauffahren (der leichtere Anstieg nach Guardistallo ist der über Montescudáio) oder nur Casale Maríttimo besuchen möchten. Je nachdem biegen Sie in *Cécina* die erste, zweite oder dritte Möglichkeit links ab und folgen der Ausschilderung. Ausblicke über das Meer und die vorgelagerten sanften Hügel, auf denen Getreide, Oliven und Wein angebaut werden, lassen die Steigung fast vergessen. Oben angekommen haben Sie den Blick über das Tal der Cécina hinauf bis nach Volterra.

i Bei Montescudáio, bei Guardistallo und bei Casale Maríttimo liegt jeweils ein Campingplatz. Diese mittelalterlichen Orte gehören zur Provinz Pisa, die Adressen der Campingplätze finden Sie dort.

Tour A2: Castagneto Carducci – Piombino

Castagneto Carducci – Sassetta – Suvereto – Campiglia Maríttima – Venturina – (Abstecher nach Populónia) – Piombino (Strada del Vino) (65 km)

Wer nicht der oben beschriebenen Strecke von Castagneto Carducci am Meer entlang nach Piombino folgen möchte, dem empfehlen wir diese Etappe über die Hügel, die *Strada del Vino* (Weinstraße). Sie garantiert mehr sportliche Höhepunkte, weniger Autoverkehr und atemberaubende Aussichten.

Sie verlassen Castagneto Carducci und radeln auf der Landstraße 329 Richtung Sassetta.

Dichter Wald schützt den Radreisenden vor der heißen Sonne, und hier kommen Sie an den letzten noch vorhandenen Holzkohlenmeilern vorbei. Um das einst bedeutende *Castello von Sassetta* zu besuchen, folgen Sie der Ausschilderung in den Ort hinein.

Bis auf fast 400 Meter führt die Landstraße weiter hinauf. Der dichte Wald bleibt Ihnen treu, nur der Name ändert sich. Nach dem Wald von *Sassetta* radeln Sie nun durch das dichte Grün von *Val di Cornia.* Der Park von Calvi begleitet Sie bis hinunter nach Suvereto auf etwa 90 Höhenmeter. Von der kleinen, asphaltierten Landstraße haben Sie herrliche Ausblicke über das Meer mit seiner sanft ansteigenden Küste. Weinstöcke und Olivenhaine, die in höheren Lagen von mediterraner Macchia und dem Kastanienwald abgelöst werden, prägen die Landschaft.

Für die Besichtigung der antiken Burg aus dem 9. Jahrhundert und weiterer mittelalterlicher Bauten sollten Sie unbedingt einen kurzen Stop einplanen. Und wer in der Nacht zum 1. Mai in *Suvereto* weilt, der kann den »maggerini« zuhören, die in ihren schönen Trachten den Monat Mai besingen.

Von Suvereto rollen Sie rechts auf der SS 398 das *Córniatal* hinunter Richtung Meer. Nach einigen Kilometern erreichen Sie die Abzweigung rechts hinauf nach *Campíglia Maríttima.* Wer sich dieses wunderschöne mittelalterliche Städtchen, das von seiner Burg aus dem 12. Jahrhundert überragt wird, ansehen möchte, der biegt hier rechts ab und radelt die 200 Höhenmeter hinauf. Nehmen Sie sich Zeit, um nicht nur die gut erhaltene Stadt, sondern auch die Schönheit der Natur in den Parks von Montioni, Monte Calvi und Lagoni Rossi, sowie die Burgruinen von S. Silvestro aus dem 10. Jahrhundert und die Spuren der Gießereien und Minen der Etrusker zu bewundern. Am Abend können Sie von *Campíglia Maríttima* den Sonnenuntergang über dem Meer und den Inseln des Archipels genießen und am Tag das Panorama der Küste von Piombino bis nach Punta Ala.

Weiter radeln Sie auf der SS 398 Richtung Meer. Hier ist die Ebene dicht besiedelt und bei Venturina kommen Sie zu den Thermalbädern von *Caldana,* in denen Sie alle Viere von sich strecken und sich verwöhnen lassen können.

Sie überqueren die Via Aurelia und folgen weiter der Ausschilderung Richtung *Piombino.* Die Hafenstadt ist von den Überlebenden von Populónia gegründet worden, welches im Jahre 809 von den Arabern zerstört wurde (siehe Livorno Tour 2).

Die Fahrt führt Sie weiter hinauf nach *Piombino.* Viele historische Bauten sind hier zu finden, aber auch rauchende und stinkende Schlote der Piombiner Metallindustrie. Wer die Stadt lieber rechts liegen lassen möchte, der folgt der nächsten großen Abzweigung links Richtung Roma/Follónica und erreicht so die Campingplätze von Piombino.

Tour A3: Castagneto Carducci – Massa Maríttima

Castagneto Carducci – Sassetta – Suvereto – Montebámboli – Massa Maríttima (50 km)

Die Strecke führt Sie hinauf auf fast 400 Höhenmeter, dann wieder hinunter ins Flußtal der Córnia, um dann wieder auf etwa 380 Höhenmeter anzusteigen. Die Tour bietet eine Fahrt durch dichte Wälder, traumhafte Ausblicke übers Meer und ein fröhliches Auf und Ab auf asphaltierten, kaum befahrenen Landstraßen.

Sie folgen bis Suvereto der vorhergehenden Tourenbeschreibung Livorno A2. Hier müssen Sie wählen: Entweder überqueren Sie nun die SS 398 und durchfahren das Flußtal der Córnia über Forni nach S. Lorenzo, wo Sie an der Querstraße links Richtung Massa Maríttima abbiegen, oder Sie folgen der SS 398 links hinauf, biegen nach etwa dreieinhalb Kilometern rechts ab und radeln an der nächsten Kreuzung links nach Massa Maríttima hinauf. Beide Strecken haben ihren Reiz, wobei die erste noch weniger Autoverkehr verspricht als die zweite.

In *Massa Maríttima* sollten Sie sich für einen Stadtrundgang Zeit nehmen und die Ausblicke von den verschiedensten Winkeln genießen. Weiterführende Touren von Massa Maríttima (Anschlußtouren Grosseto A1, A2) sowie die Beschreibung der Stadt finden Sie im Kapitel Grosseto, da Sie die Provinzgrenze überquert haben.

Städte • Sehenswürdigkeiten • Informationen

Provinzhauptstadt Livorno

Sie wurde vom Großherzog Francesco I. de Medici, Herr von Florenz, als Hafenstadt gegründet. Die Stadt stellt das exakte Spiegelbild des Zeitgeistes der Spätrenaissance dar und machte 1593 wegen der damals eingeführten Verfassung auf sich aufmerksam. Durch sie wurde die Einwanderung gefördert und gleichzeitig schützte man die Freiheit der Zuwanderer.

Der Hafen wird heute noch als Militärhafen genutzt, ist aber überwiegend im touristischen Bereich von Bedeutung. Fähren nach Frankreich, Spanien, Sizilien und vor allem nach Sardinien und Korsika verlassen ihn regelmäßig.

Camping unter Pinien bei Punta Ala

Historische Bauten
Piazza Grande (Mittelpunkt der Stadt): viele Paläste mit Bogengängen

Piazza della Repubblica
- Statue von Ferdinand III.
- Statue von Leopold II.
- Alter Festungsgraben »Fosso Reale«
- Neue Festung »Fortezza Nuova«

Neu-Venedig (wurde von Handwerksleuten aus Venedig erbaut und ist heute ein beliebtes Stadtviertel von Livorno. Ein dichtes Netz von Kanälen, Brücken und engen Gassen lädt zum Bummeln ein.)
- Kirche der Heiligen Katherina (auf achteckiger Grundfläche erbaut)
- Ölfässer »Bottini d' Olio« (1705; gemauert, mit Schiefer verkleidet)
- Kirche des Heiligen Ferdinand

Fortezza Vecchia (1521 - 1534)
- Wehrturm der Gräfin Mathilde (9. Jh.)
- Felsenburg (1377)

Piazza Micheli
Bronzedenkmal der vier Mohren (1626; von Pietro Tacca)

Piazza Grande
- Dom (Neubau)
- Kirche der Jungfrau Maria »Greci Uniti« (1601)
- Kirche der Madonna (1607)
- Fassade der Kirche »S. Gregorio degli Armeni«

Museen
- Städtisches Museum »G. Fattori«, Villa Fabbricotti (17. Jh.)
- Städtisches Aquarium »D. Cestoni«, Mascagni-Terrasse
- Museum Mascagnano, Villa Maria/Castello (19. Jh.)

Bibbona
Historische Bauten
- Pfarrhaus von S. Ilario (12 Jh.)
- Santa Maria von Piet (Renaissance-Zeit)

Campiglia Maríttima
Historische Bauten
- Castello S. Silvestro
- Palazzo Pretorio
- Chiesa della Madonna Fucinaia
- Pfarrhaus von San Giovanni

Museum
Pfarrgemeindehaus-Museum von San Silvestro

Casale Maríttimo
Historische Bauten
- Palazzo Rocca
- Chiesa S. Sebastiano; Kapelle der Madonna della Grazia
- Chiesa S. Andrea mit Fresken von Pisano Ghezzani

Castagneto Carducci
Historische Bauten
Turm von Donoratico (bekannt durch Dantes »Inferno«, ehemals Wohnsitz von Herzog Ugolino)

Museum
Archiv Museum »G. Carducci« im Rathaus, Via Marconi

Cécina
Historische Bauten
Das Landhaus von Albino Cécina am linken Ufer des Flusses Cécina

Museum
Archäologisches Museum im Gutshaus »La Cinquantina«, Cecina Mare

Guardistallo
Historische Bauten
- Eingangstor der Rocca
- Kirche von S. Lorenzo; Kirche von S. Agata

Montescudaio
Historische Bauten
- Civica Turm (13. Jh.)
- Kirche S. Maria Assunta; Kirche SS. Annunciata
- Historisches Archiv Preunitario (1600-1860)

Piombino
Historische Bauten
- Zinnenturm (13. Jh.)
- Rathaus (15. Jh.)
- Schloss (13. und 16. Jh.)
- Das Haus mit den zweibogigen Fenstern
- Kirche von Sant' Antimo (14. Jh.)
- Kapelle della Madonna Cittadella (15. Jh.)
- Piazza Bovio

Museen
- La Necropoli von S. Cerbone (Gemeinde Baratti)
- »Gasparri«-Museum (geöffnet nur auf Nachfrage), Tel. 0565 / 295 12
- Aquarium, Biologisches Meeresforschungsinstitut, Via Mazzani

Populónia
Historische Bauten
- Akropolis und Nekropole von Populónia (antike Stadt)

- Landgüter Cerbone, Casone und Poggio della Procareccia (Hügel des Schweinehirten)
- Nekropole S. Cerbone

Rosignano Maríttimo
Historische Bauten
- Schloss (16 Jh.)
- Schloss Pasquini (14. Jh.)
- Mittelalterlicher Turm in Castiglioncello (16. Jh.)

Museen
- Archäologisches Volksmuseum
- Palazzo Marini
- Museum der Naturwissenschaft
- Via Nievo, Rosignano Solvay

Suvereto
Historische Bauten
- Kirche von S.Giusto (9. Jh.)
- Rathaus (13. Jh.)
- Burg (4. Jh.)
- Kloster von S.Francesco (13. Jh.)
- Kirche von Annunziata (12. Jh.)

Vada
Archäologische Ausgrabungen S. Gaetano di Vada – Piazza Garibaldi 94

La Strada del Vino / Die Weinstraße
Cécina – Montescudáio – Casale Maríttimo – Bibbona – Bolgheri – Castagneto Carducci – Sassetta – Suvereto – Campiglia Marittima – Venturina – Piombino
Folgen Sie der Weinstraße, können Sie herrliche Ausblicke über Meer und Küste bei wenig Autoverkehr genießen. Da die Weinstraße über die Hügel führt, ist sie anstrengender und langwieriger zu befahren, dafür abwechslungsreicher und verkehrsärmer als die Strecke am Meer.

Elba
Historische Bauten
- Reste einer römischen Stadt (bei Cavo)

- Römische Villa von »Le Grotte« (bei Portoferráio)
- Villa dei Mulini (Wohnsitz Napoleons in Portoferráio)
- Villa Napoleone (S. Martino bei Portoferráio)
- Festungen der Medici (Portoferráio)
- Festung Volterráio (bei Rio nell' Elba)
- Festungen der Spanier (Porto Azzurro / Naregno)

Museen
- Museum von Marciana (Etruskermuseum)
- Mineralienmuseum (Rio Marina, Palazzo Comunale)
- Privatmuseum der Mineralogie Alfeo Ricci (Via Montebello 26, Rio Marina)

Die Museen sind in der Regel ab April geöffnet.

Naturparks und Schutzgebiete

Bibbona
Macchia della Magona – Führungen Donnerstags, 15. Juni - 31. August. Start vor dem Rathaus, Piazza Colombo 1, Tel. 0586 / 67 00 33

Campiglia Maríttima
- Archäologischer Mineral-Park
- Naturpark vom Monte Calci
- Il Parco di San Silvestro

Castagneto Carducci
Vogelpark von Bólgheri *Oasi Naturalistica di Bólgheri,* ein Sumpfgebiet, in dem viele Wasservögel auf ihren Wanderungen Zuflucht finden. Dieses Feuchtgebiet zeigt die ursprünglichen Merkmale der wilden Maremmen. Von Wanderpfaden und Aussichtspunkten kann man allerlei Vögel beobachten.

Livorno-Rosignano
Parco delle Colline Livornesi

Piombino
- Archäologischer Naturpark des Vorgebirges von Piombino
- Sumpf, Botanischer Garten
- Il Parco di Baratti – Populónia
- Il Parco della Sterpata

San Vincenco
Naturpark von Rimigliano

Sassetta
Il Parco di Poggio Neri

Suvereto
Naturpark von Montioni

Parco Nazionale dell' Arcipelago Toscano
Die Insel Capraia und das Naturreservat der Insel Montecristo gehören zum Nationalpark-Projekt des toskanischen Archipels.

Kulinarische Spezialitäten

Aufgrund der Nähe zum Meer haben Seebarben und Fischsuppen Tradition. Weitere Spezialitäten sind das frisch gebackene Holzofenbrot, der Naturhonig, das DOC Olivenöl Extravergine, die von Hand zubereitete Salami und die wie früher abgefüllte Marmelade.

An der heutigen Weinstraße wurde schon im 4. Jahrhundert Wein angebaut. Heute finden wir hier edle Weine, die DOC Montescudáio, DOC Bólgheri und DOC Val di Cornia.

Auf *Elba* verbindet sich die Meerestradition mit der typisch toskanischen Küche, so daß außer Fischgerichten auch deftigere Speisen mit Huhn, Kaninchen, Wild und Gemüse zubereitet werden. Das günstige Klima läßt auch auf den Inseln der Provinz Livorno herrliche Weintrauben heranreifen. So entstehen berühmte Weine wie der *Aleatico* von Elba oder auch der *Ansonaco* der Insel Giglio.

Verkehrsmittel

Eisenbahn + Fahrrad
- FS-Livorno Tel. 0586 / 401 105
- Cécina Tel. 0586 / 680 684

Bus
- A.T.L. – Livorno Tel. 0586 / 487 111
- LAZZI – Livorno Tel. 0586 / 899 562
- A.T.M. – Piombino Tel. 0565 / 222 118

Die Fahrradmitnahme ist bei den Überlandbussen meist möglich.

Auf dem Markt

Elba

Fähren/Schiffe

- MOBY-Lines/NAVARMA-Lines: Piombino (Festland) – Portoferraio (Elba) – Piombino, (Fahrzeit ca. 1 Std.)
- Portoferráio: Via Tesco Tesei 48, Tel. 0565 / 91 81 01
- Piombino: p.le Premuda 13, Tel. 0565 / 22 12 12

TOREMAR

Strecke Livorno – Portoferráio

- Livorno: Via Calafati 6, Tel. 0586 / 89 61 13
- Piombino: p.le Premuda 13/14, Tel. 0565 / 3 11 00
- Portoferráio: Calata Italia 22, Tel. 0565 / 91 80 80

ELBA FERRIES

- Piombino: p.le Premuda, Tel. 0565 / 22 09 56
- Portoferráio: Calata Italia, Tel. 0565 / 93 06 73

Es gibt eine Schnellfähre, die nur rund 40 Minuten von Piombino nach Portoferraio braucht.

Bus (Elba)
Die Autobus (Pullmann)-Organisation nennt sich A.T.L. Isola d'Elba. Ihr Sitz ist in der Viale Elba in Portoferraio, Tel. 0565 / 914 783 – 914 392. Der Busfahrplan ist bei A.P.T. dell' Arcipelago Toscano (Adresse s. u.) erhältlich.

Übernachtungsmöglichkeiten

Ferien auf dem Bauernhof »Agriturismo«
Speziell für die Weinstraße ist ein Heft »La Strada del Vino« – Die Weinstraße – herausgekommen. Es werden alle Weingüter und Bauernhöfe vorgestellt, die sich mit Tourismus beschäftigen, sowohl für Weinproben als auch mit Übernachtungsmöglichkeiten. Zu jedem Hof/Gut gibt es eine Beschreibung der Bettenanzahl, ob Camping möglich ist, ob man für das Restaurant reservieren sollte, welche Fremdsprachen gesprochen werden.

Allgemeine Übernachtungsmöglichkeiten
Für die gesamte Provinz Livorno kommt jährlich neu ein Übernachtungsverzeichnis heraus, das man ebenfalls über A.P.T. Livorno beziehen kann »Costa degli Etruschi, Annuario della Ricettivita' Alberghiera ed Extralberghiera«. In diesem Heft sind die verschiedenen Übernachtungsmöglichkeiten aufgeführt. Hotels, Pensionen, Camping, Ferienhäuser, Appartements, Bauernhöfe/ Weingüter, Privatzimmer, Adressen und Kurzbeschreibungen der Badeanstalten sowie wichtige Adressen der Region.

Elba
Ob Camping, Appartements, Hotels, Weingüter oder Agriturismo (Ferien auf dem Bauernhof), Elba bietet für jeden etwas.
Das Tourist Inform Center gibt jährlich ein Heft heraus, das über Übernachtungsmöglichkeiten, insbesondere in der Vor- und Nachsaison, informiert.
Tourist Infom Center
Casella Postale 187, 57037 Portoferraio
Tel. 0565 / 97 77 77, Fax 0565 / 97 77 70

Außerdem gibt es zum Thema Übernachtungsmöglichkeiten ein Heft von A.P.T dell' Arcipelago Toscana. Dies nennt sich Elba e Capraia – Alberghi (Hotels) / Residendze Turistico-Alberghiere / Campeggi (Camping). Auch dieser Überblick erscheint jedes Jahr neu!

Die kleine Broschüre »Campingplätze Isola d'Elba« können Sie über FAITA, Ufficio Isola d'Elba, Tel./Fax 0565 / 930 208 erhalten.

Auf den toskanischen Hügeln

Frühling im Chianti

Blick auf Volterra

Toskanische Impressionen

Mittagspause auf der Piazza del Campo in Siena

Warmes Schwefelbad bei Satúrnia

Radrennsport ist in Italien sehr polulär

Alltag in Florenz

Allgemeine Informationen über die Provinz Livorno:
A.P.T. / Azienda di Promozione Turistica »Livorno«
Piazza Cavour 6
I-57100 Livorno
Tel. 0039 / 586 / 898 111

Spezielle Informationen über die Region *Castagneto Carducci* erteilt:
Ufficio Informazioni Turistiche
Via della Marina 8
Marina di Castagneto
I-57022 Castagneto Carducci
Tel. 0039 / 565 / 744 276

Über das Touristenbüro in Marina di Castagneto kann man verschiedene Broschüren erhalten, u.a. einen »Guida Castagneto Carducci«. In diesem Führer gibt es ein Kapitel zu Fahrradtouren durch die Umgebung »Itinerari in Bici«. Die acht Touren sind auch auf deutsch beschrieben. Zu jeder Strecke gibt es eine Kurzbeschreibung, Entfernung, Straßenzustand, Höhenunterschied und einen Blick auf den jeweiligen Kartenausschnitt.

Informationen zu Elba

1. Trekking all' Elba / Trekking auf Elba – Vorschläge für eine Reise durch die drittgrösste Insel Italiens.
2. Als Landkarte empfehlen wir: Isola d' Elba, Landkartenführer, Scala 1:30.000, E.R.A Verlag. Überall auf Elba und bei A.P.T. erhältlich. In dieser Karte sind alle Wanderwege, Straßen und Sehenswürdigkeiten eingezeichnet. Die Regionen sind mit ihrer typischen Flora und Fauna gekennzeichnet, und viele Höhenangaben erleichtern die Einschätzung des Schwierigkeitgrads bei Radtouren und Wanderungen.

A.P.T. / Azienda Promozione Turistica
del' Arcipelago Toscano / Elba
Calata Italia 26
I - 57037 Portoferráio (LI)
Tel. 0039 / 565 / 914 671-914 672
Fax 0039 / 565 / 916 350

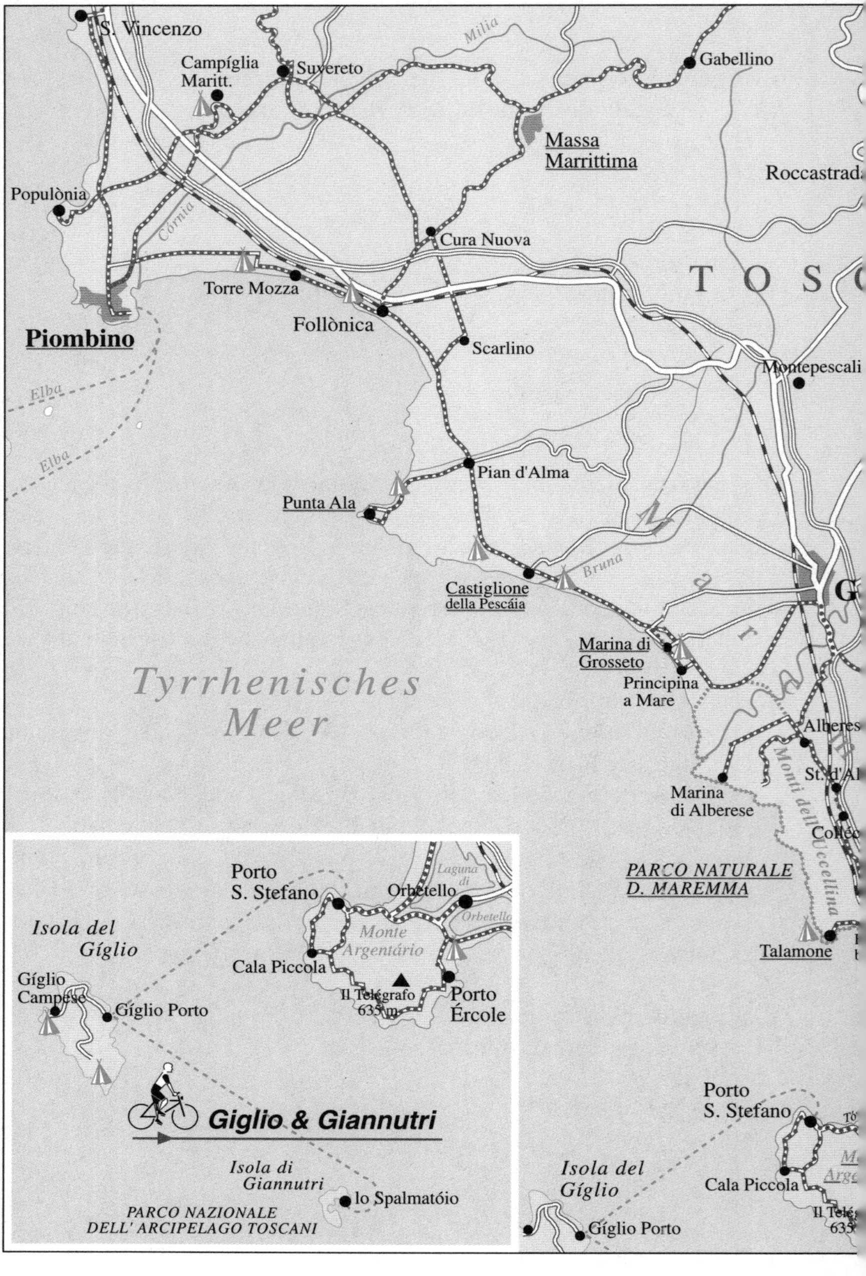

S. Vincenzo
Campíglia Maritt.
Suvereto
Milia
Gabellino
Massa Marrittima
Roccastrad
Populònia
Córnia
Cura Nuova
T O S
Torre Mozza
Follònica
Piombino
Scarlino
Montepescali
Elba
Elba
Pian d'Alma
Punta Ala
Bruna
Castiglione della Pescáia
Marina di Grosseto
Principina a Mare
Tyrrhenisches Meer
Alberes
St. d'Al
Marina di Alberese
Monti dell'Uccellina
PARCO NATURALE D. MAREMMA
Talamone
Porto S. Stefano
Laguna di Orbetello
Orbetello
Isola del Gíglio
Monte Argentário
Cala Piccola
Gíglio Campese
Gíglio Porto
Il Telégrafo 635 m
Porto Ércole
Giglio & Giannutri
Isola di Giannutri
lo Spalmatóio
PARCO NAZIONALE DELL' ARCIPELAGO TOSCANI
Porto S. Stefano
Isola del Gíglio
Cala Piccola
Gíglio Porto

Montepescini
Solàia
Casabianca
Castiglione del Bosco
Torrenieri
Montalcino
S. Quirico d'Orcia
Pienza
Montepulciano
Chianciano
Bagno Vignoni
Casellona
Spedaletto
Ombrone
Rocca d'Orcia
Castiglione d'Orcia
S.Antimo
Castelnuovo dell'Abate
Madonna d. Querce
Ost Ansidónia
N A
Orcia
Seggiano
Vivo d'Órcia
Pagànico
Pescina
Castel del Piano
Radicòfani
Abbadia S. Salvatore
Cinigiano
Monte Amiata 1734 m
Arcidosso
Piancastagnàio
Bagnolo
Monte Labbro 1193 m
S. Fiora
Tre Case
M. Calvo 930 m
Triana
Selva
Roccal-begna
M. Civitella 1107 m
Belvedere
Selvena
Castell' Azzara
Rocchette di Fazio
Il Cornacchio
Semproniano
Usi
Fattoría Etrusca
Scansano
Sorano
S. Lorenzo Nuovo
Satùrnia
Terme di Satùrnia
Sovana
Monti Volsini
Magliano di Toscana
Pitigliano
Montemerano
Albegna
Lago di Bolsena
Fatt. Colle Lupo
Fornace
Manciano
S.Donato
M. Bellino 516 m
C.Piancalcáio
LATIUM
L. Acquato
Capálbio
N
0
5 km
Ansedónia
L. di Burano
Provinz Grosseto

Provinz Grosseto

Grosseto ist nicht nur die größte Provinz der Toskana, sondern ganz Italiens. Verschiedenste Landschaften vereinen sich zu einem großartigen Ganzen: Das klare Wasser des Tyrrhenischen Meers, mit seiner endlosen ungleichmäßigen Küste, an der sich lange Sandstrände und enge Schluchten abzuwechseln scheinen, gesäumt von hohen, schattenspendenden Pinienwäldern. Die Landschaft der *Maremmen* (sumpfiges Anschwemmungsland an der West-Küste Italiens), wo die Menschen die Sümpfe trockenlegten, um den fruchtbaren Boden zu nutzen. Die großen Herden der Maremmarinder von Alberese sind immer noch eine Attraktion. Jedes Jahr am 1. Mai feiert ganz Alberese das Fest, an dem die Rinder und Pferde ihr Brandmal bekommen und Jungpferde zugeritten werden. Dort können Sie die Arbeit der *butteri,* der Maremma-Cowboys, live erleben.

Weiter nach Osten steigt das Land an. Auf sanften Hügeln stehen silberne Olivenbäume, Wein und Sonnenblumen. Dazwischen treffen wir auf noch unberührte, mediterrane Macchia. Zahlreiche Steineichenwälder setzen sich dunkel ab. Immer wieder schweift der Blick nach Westen über das leicht abfallende Land bis zum Meer und seinen Inseln *Monte Argentario, Isola del Giglio* und die kleine *Isola di Giannutri.* Immer weiter führt uns der Weg nach Osten hinauf zu dem höchsten Berg der südlichen Toskana, dem 1.738 m hohen *Monte Amiata.* Viele Legenden ranken sich um den alten Vulkan, der mit Buchen- und Eßkastanienwäldern bewachsen ist.

Überall trifft man auf die etruskische Kultur, wie in Vetulonia, Roselle oder Sovana. Den Ort *Satúrnia* sollten Sie nicht nur wegen seiner berühmten Thermalquelle aufsuchen, sondern auch den Anblick der alten etruskischen Stadt genießen. Ebenso *Pitigliano,* die Stadt, die hoch über dem Abgrund hängt und in deren Tuffsteinhöhlen schon die Etrusker zu Hause waren. Heute lagert dort der berühmte Wein *Bianco di Pitigliano.*

Nach den Etruskern kamen die Römer, die von den Aldobrandeschi abgelöst wurden. Diese haben das Land im Mittelalter jahrhundertelang regiert und geprägt. Auf ihr Geheiß hin wurden schlanke, hohe Türme, Burgen, Schlösser und Städte errichtet. Ihnen folgten die mächtigen Medici, die dann von den Spaniern der Statthalterstaaten vertrieben wurden.

Die Provinz Grosseto, die von vielen erobert und regiert wurde, scheint jedoch von keinem wirklich beherrscht worden zu sein. So unberührt ist ihre Natur, so gut erhalten sind die mittelalterlichen Städte und verträumten Dörfer. Hier, im Inneren der Toskana, kann man noch einsame Wege und Straßen zu fast verlassenen Dörfern finden und ungestört die Ruhe in bezaubernder Landschaft genießen.

Tour 1: Piombino – Punta Ala

Piombino – Carbonifera – Torre Mozza – Follónica – Punta Ala (50 km)

Von *Piombino* folgen Sie der Ausschilderung *Roma.* Die Straße windet sich den Hügel hinauf und rechts sind die rauchenden Schlote der Piombiner Industrieanlagen zu sehen. Mit einer großen Rechtskurve verlassen Sie die Straße nach Livorno und radeln weiter Richtung Roma. Vorbei am Elektrizitätswerk »ENEL« und einem vom WWF geschützten Feuchtbiotop führt die Straße durch eine langgezogene Ebene. Die Campingplätze lassen Sie rechts liegen und folgen der Hauptstraße, bis sie in einer scharfen Linkskurve über die Schnellstraße Via Aurelia führt. Hier fahren Sie geradeaus auf der kleinen Straße Richtung *Monteticcio,* die gleich einen Knick nach rechts macht. Endlich können Sie den Autoverkehr hinter sich lassen und geradewegs dem Meeresrauschen entgegenradel

i Achtung! Alle Straßen, die vorher zum Meer hin rechts abgehen, sind Stichstraßen, die am Strand enden, und nicht, wie in vielen Karten eingezeichnet, miteinander verbunden sind!

An der nächsten Straße biegen Sie links ab und folgen der Ausschilderung zum *Campeggio Pappasole* bis nach Carbonifera (nur am Haus zu lesen). Danach geht es wieder links.

i Am *Campeggio Pappasole* vorbei taucht rechter Hand, direkt am Meer gelegen, der *Torre Mozza* auf. Er ist schön anzuschauen und beherbergt ein Restaurant.

Der Blick über das Meer läßt die große Bucht erkennen, die im Nordwesten von Piombino und im Südwesten von der grünen Nasenspitze von Punta

Weiter Strand von Principina a Mare

Ala begrenzt wird. In ihrer Mitte liegt einer der bekanntesten Badeorte der Maremmen, Follónica.

Am *Torre Mozza* ist für Autofahrer die Welt zu Ende, doch Fußgänger und Radler können direkt vor dem Turm links dem Weg parallel zur Küste folgen. Das Schild, welches die Durchfahrt nach 1.000 Metern verbietet, gilt nur für den motorisierten Verkehr! So erreichen Sie immer geradeausfahrend nach etwa 30 Kilometern die moderne Stadt *Follónica.* Im Sommer drängeln sich die Gäste zu Tausenden am Strand.

i Der Badeort bietet die ganze Küste entlang Ferienwohnungen, Campingplätze und Hotelzimmer für jeden Geldbeutel.

Nachdem Sie Follónica erfolgreich hinter sich haben, folgen Sie rechts der Ausschilderung nach *Grosseto* und *Punta Ala*. Rechts der Straße leuchtet ein wilder, grüner Pinienwald, während sich linksseitig die große Ebene des Pécora-Deltas ausbreitet. Dann schlängelt sich die Straße etwa 150 Meter hinauf. Oben befindet sich ein Parkplatz, von dem aus Sie zurück zu den Industrieschloten von Piombino, dem herrlichen Sandstrand der Follónica-Bucht und weit übers Meer bis zur Insel Elba schauen können. Sie rollen nun wieder den Hügel hinunter, bis in die fruchtbare Ebene des

Alma-Flusses. An der nächsten Kreuzung weist ein Schild nach rechts Richtung Punta Ala, einem Ort, der Urlaub für gehobene Ansprüche und dicke Geldbeutel bietet.

Wer sein Zelt dabei hat, sollte hier ebenfalls abbiegen, denn etwa sechs Kilometer vor Punta Ala können Sie sich auf einem der zwei Campingplätze, zwischen hohen Pinienbäumen gleich am weißen Sandstrand gelegen und weit ab vom Autoverkehr, in aller Ruhe von der Etappe erholen.

Tour 2: Punta Ala – Marina di Grosseto

Punta Ala – Castiglione della Pescáia – Marina di Grosseto (28 km)

Sie rollen zurück bis zur Hauptstraße SS 322, der Sie rechts den Hügel hinauf Richtung *Castiglione della Pescáia* folgen. Nach dem Erreichen der Höhe durchradeln Sie einen Tunnel und schon geht es wieder abwärts in die nächste fruchtbare Ebene, in der überwiegend Artischocken angebaut werden. Schließlich führt die Straße hinab bis *Castiglione della Pescáia.* Hier sollten Sie sich unbedingt Zeit nehmen, um durch die schmalen, mittelalterlichen Gäßchen zum Kastell hinaufzusteigen und den Ausblick über das glitzernde Meer, den ins Endlose führenden Sumpf und den herrlichen Tombolo-Pinienwald genießen.

Wenn es Sie weiter treibt, lohnt allemal noch ein Abstecher zum *Roten Haus*. Dafür folgen Sie der Ausschilderung nach *Marina di Grosseto/Parco dell Uccellina* und fahren über die Kanalbrücke. Direkt dahinter links, führt die Straße am Kanal entlang bis zum *Roten Haus*. Dann scheint die Welt zu Ende. Eine für Menschen unpassierbare Sumpflandschaft, ein Paradies für viele Vogelarten, liegt vor Ihnen.

Nach diesem Erlebnis geht es wieder zurück am Kanal entlang bis zur Brücke und hier folgen Sie links der Straße nach Marina di Grosseto. 12 Kilometer Fahrradweg unter einem endlosen Piniendach, mit zahlreichen schattigen Rastplätzen, bringen Sie sicher und angenehm bis in den Ferienort. Die zweite Straße rechts ab führt zum Meer, an dem Sie bis zum Ende des Ortes entlangfahren. Dann kurz links und rechts über das Brückchen.

Gleich wieder links führt der Weg zum *Campingplatz Il Sole (**).*

Tour 3: Marina di Grosseto – Talamone

Marina di Grosseto – Principina a Mare – Grosseto – Montiano – Fonteblanda – Talamone (53 km)

Vom Campingplatz fahren Sie rechts, Richtung Meer, bis Sie wieder auf die asphaltierte Straße mit dem Brückchen kommen. Hier links abbiegen. Die Asphaltstraße endet nach kurzer Zeit und macht einem Fahrradweg durch den Pinienwald Platz. Während Sie linker Hand ein Trimm-dich-Pfad begleitet, sind rechts im Dickicht immer wieder Holzstege für Fußwanderer zu entdecken. Sie folgen diesem schönen Weg, bis Sie nach etwa anderthalb Kilometern die Asphaltstraße von *Principina a Mare* erreichen. Wer noch einmal den Blick übers Meer schweifen lassen oder den endlosen, weißen Sandstrand entlanglaufen möchte, sollte hier rechts bis zum Meer hinunterfahren. Wer jedoch gleich weiterradeln will, fährt hier links die Asphaltstraße hinauf, bis sie auf der Hauptstraße endet. Diese führt rechts bis nach Grosseto. Da der Ombrone, der größte Fluß der Toskana, eine natürliche Barriere ohne Übergang bildet, muß der Umweg über Grosseto in Kauf genommen werden.

In *Grosseto* führt die Straße an der Galopprennbahn vorbei bis zu einem Kreisverkehr. Hier folgen Sie rechts der Ausschilderung Richtung *Roma.* Unter der Bahnbrücke hindurch, wieder rechts und dann im dichten Autoverkehr etwa drei Kilometer auf einer Brücke über den Ombrone. Ein kurzes Stück läßt sich die Autoschnellstraße *Via Aurelia* Richtung Roma leider nicht umgehen. Also rechts hinauf und schnell in die Pedale treten. Die nächste Abfahrt erscheint wie eine Erlösung. Sie weist nach *Montiano,* hinein in die Hügelwelt. Eine herrliche Strecke, fast ohne Autoverkehr und mit traumhaften Ausblicken, ist die Belohnung für zwei Kilometer *Via Aurelia* fahren!

So schlängelt sich die kleine Straße den Hügel bis auf etwa 230 m hinauf. Wer noch Kraft und Lust hat, kann den letzten Anstieg nach Montiano in Angriff nehmen und durch den kleinen, mittelalterlichen Ort schlendern. Von dort haben Sie einen wundervollen Blick über die sanften Hügel, bis in die Bucht von Talamone. Rechts davon versperren die bewaldeten Hänge des Uccellina-Nationalparks den Blick auf das Tyrrhenische Meer.

Nun geht es fast nur noch bergab. Sie folgen der Ausschilderung nach *Magliano i. T./Fonteblanda.* An der nächsten Straßengabelung rechts Richtung *Talamone* abbiegen. Jetzt können Sie sich vom Aufstieg erholen. In rasanter Fahrt geht es durch die Hügel hinunter, die zum Meer hin immer

Weiße Maremma-Rinder in Marina di Alberese

flacher werden. Alle paar Meter tun sich neue, atemberaubende Ausblicke auf, und während Sie von Montiano eine traumhafte Sicht auf den *Parco Naturale della Maremma,* den Monte Argentario und das Meer hatten, können Sie nun den Blick zurück sowie rechts und links in die Hügelwelt schweifen lassen.

i

Schilder mit der Aufschrift »Ferien auf dem Bauernhof« am Straßenrand: In dieser vom Autoverkehr fast verschonten Region eine wirklich reizvolle Möglichkeit des Übernachtens. Wer jedoch den herrlichen Ausblick vom Campingpatz Talamone erleben möchte, der läßt sich weiter die Straße hinunterrollen, bis über die Kreuzung, unter der Via Aurelia hindurch nach Fonteblanda. Hier gibt es gute Einkaufsmöglichkeiten, während Sie der Ausschilderung nach Talamone folgen. Vor dem Fußballplatz befindet sich rechts etwas versteckt ein Supermarkt. Nach der Überquerung der Eisenbahnschienen sind es nur noch wenige Kilometer, bis in einer Linkskurve rechts das *Talamone International Camping Village* (**) auftaucht.

Tour 3a: Talamone – Parco Naturale della Maremma

Talamone – Alberese – Marina di Alberese – Alberese – Talamone (50 km)

Wer sich den *Parco Naturale della Maremma* ansehen will, sollte dies mit einer Fahrradtour verbinden. Die Strecke verläuft bis auf etwa drei Kilometer ausschließlich auf verkehrsarmen Routen.

Wer von Talamone aus startet, fährt Richtung *Fonteblanda,* biegt jedoch noch vor den Eisenbahnschienen links auf die SP 85, Ausschilderung *SS1/Valentina,* ab. Geradeaus führt die herrliche Asphaltstraße an einem Kanal entlang, zwischen Wiesen und Feldern, fast ohne Autoverkehr. Am Ende biegt die Straße scharf rechts zur Via Aurelia ab.
Hier fahren Sie links auf den Sandweg und vor dem Brückchen gleich wieder rechts. Am Wegesrand blühen im Frühling viele farbenprächtige Blumen, die zum Fotografieren einladen. Sie folgen der Strecke geradeaus bis zur nächsten Weggabelung, wo Sie links über die Brücke radeln und gleich wieder rechts dem Weg folgen. Geradeaus über die Brücke, dann halten Sie sich links, bis Sie eine Kreuzung erreichen.

Geradeaus geht es nur über eine Privatstraße weiter. Die Besitzer sind leider nicht bereit, Fahrradreisenden die Durchfahrt zu erlauben. Also biegt man rechts, Richtung Via Aurelia, ab, fährt unter der Schnellstraße durch, am Gutshaus vorbei. Dann bleibt keine andere Wahl, als der Via Aurelia Richtung Grosseto auf etwa einem Kilometer zu folgen. Die nächste Ausfahrt *Alberese Scalo* ist Ihre!

Wieder radeln Sie unter der Schnellstraße hindurch und auf der gut asphaltierten Straße dem Ort *Alberese* entgegen. Vom Campingplatz Talamone bis nach Alberese sind es etwa 17 Kilometer. Wer bis nach *Marina di Alberese* fahren möchte, radelt durch Alberese hindurch und folgt immer geradeaus der Ausschilderung. Links abbiegen und durch die Schranke bis ans Meer radeln. Hier können Sie Ihr Fahrrad parken, am Kiosk gibt es Kleinigkeiten zum Essen und zum Trinken.

i Wer sich in Alberese stärken will, dem empfehlen wir die Pizzeria-Rosticceria. Das Restaurant liegt direkt gegenüber vom Besucherzentrum des Nationalparks (Centro Visite del Parco).

Tour 4: Talamone – Monte Argentário

Talamone – Fonteblanda – Albínia – Tómbolo d. Giannella – Monte Argentário (25 km)

Von Talamone geht es wieder zurück nach Fonteblanda, unter der Via Aurelia hindurch Richtung *Montiano,* bis zur nächsten Kreuzung. Hier biegen Sie rechts ab Richtung *S. Donato* und *Magliano in Toscana*. Dieser Straße folgen Sie immer geradeaus, bis sie sich gabelt. (Der Umweg zu den Ausgrabungen von S. Donato lohnt sich nicht, da von ihnen kaum noch etwas zu sehen ist.)

An der Straßengabelung rechtshalten und dann über die Brücke Richtung SS 74. An der nächsten Kreuzung rechts der leider stärker befahrenen SS 74 Richtung SS 1/Albínia folgen. Am Ortsbeginn von *Albínia* überqueren Sie die Eisenbahnschienen und fahren immer geradeaus, bis ein Einbahnstraßenschild auftaucht. Hier rechts abbiegen und der Brücke über die Via Aurelia Richtung *Giannella / Porto S. Stéfano* folgen. (Wer noch etwas einkaufen möchte: Rechts neben der Brückenauffahrt ist ein großer Supermarkt!)

Zwischen der Laguna di Orbetello und dem Tyrrhenischen Meer führt die Straße auf der Sandbank *Tómbolo d. Giannella* zum Monte Argentário.

i *Camping Village il Veliero* (***) an der linken Straßenseite, kurz vor dem Ende der Tómbolo d. Giannella. Von dort sind es etwa fünf Kilometer bis Porto S. Stéfano.

Wer die Ruhe liebt, auf eine herrliche Badebucht mit Sandstrand nicht verzichten und sein Zelt auf einer Terrasse aufstellen möchte, dem empfehlen wir *Camping Feníglia* (*). Er liegt direkt an der *Tómbolo di Feníglia,* die für den Autoverkehr gesperrt ist. Von dort sind es etwa vier Kilometer bis Porto Ércole, und etwa fünf Kilometer auf der Tómbolo di Feníglia bringen Sie zurück aufs Festland und zu den Ausgrabungen von *Cosa/Ansedónia.*

Nach *Orbetello* sind es von beiden Campingplätzen etwa fünf Kilometer. Hier lohnt sich der Besuch der Altstadt, die allerdings sehr klein ist. Bei Orbetello steht eine fotogene, alte Mühle.

Tour 4a: Rundtour Monte Argentário

Tómbolo d. Giannella – Porto S. Stéfano – Cala Píccola – Torre della Ciana – Porto Ércole – Tómbolo d. Giannella (40 km)

Bei gutem Wetter lädt der *Monte Argentário* zu einer Rundtour ein. Von dieser haben Sie traumhafte Ausblicke in einsame Buchten und weit über das Meer bis zu den Inseln Gíglio und Giannutri. Von der Tómbolo d. Giannella fährt man Richtung Monte Argentário, bis sich die Straße nach Orbetello und zum Porto S. Stéfano gabelt. Fahren Sie rechts bis nach *Porto S. Stefano,* von wo die Fähren zu den Inseln Gíglio und Giannutri starten. Die kleinen Buchten der Stadt laden zum Bummeln ein.

Dann geht es die Panoramastraße hinauf, die immer oberhalb der Küste entlangführt. Große Privatgrundstücke mit riesigen Wohnhäusern säumen die Straße. Sie folgen dieser Strecke, die in der Nebensaison wenig befahren ist, bis an *Cala Píccola* vorbei. Hier wendet sich die Straße von der Küste ab und führt hinein in die Berge. Oben angekommen können Sie sich entscheiden, ob es links in rasanter Fahrt hinunter nach Porto S. Stéfano oder rechts hinauf auf der Panoramastraße weiter um die Insel herum gehen soll.

Bis zu diesem Punkt ist die Straße sehr gut asphaltiert. Folgen Sie der Panoramastraße weiter, kommen auch schlechtere Straßenabschnitte, die jedoch alle befahrbar sind. Traumhafte Ausblicke und eine Ruhe, die schon fast unheimlich wirkt, entschädigen Sie sofort. Nach rund 17 Kilometern erreichen Sie *Porto Ércole* und natürlich darf ein Besuch der *Festung Stella* nicht fehlen.

Sie folgen der Hauptstraße rechts Richtung Orbetello, kommen an der *Tómbolo di Feníglia* vorbei, lassen Orbetello rechts liegen und erreichen nach weiteren drei Kilometern die *Tómbolo d. Giannella.* Hier rechts ab und über den Kanal fahren. Es gibt direkt an der Lagune einen Wanderweg, der mit dem Rad prima zu befahren ist. Um dorthin zu gelangen fahren Sie rechts, den asphaltierten Weg durch die Häuser entlang, bis Sie die Lagune erreichen. Hier links dem Weg folgen.

i Für die Weiterreise durch die Provinz Grosseto Richtung *Monte Amiata* bieten sich zwei Varianten an: eine nördliche, über Magliano in Toscana, Montemerano und Satúrnia (Grosseto Tour 5) und eine südliche Variante (Grosseto Tour A3, A4, A5). Sie führt über die Tómbolo d. Feníglia zu den Ausgrabungen von Anse-

Porto S. Stéfano

dónia, hinein in die Hügelwelt nach Capálbio, und schließlich über Pitigliano und Sorano nach Castell' Azzara. Hier werden im Kapitel Monte Amiata beide Varianten wieder zusammengeführt.

Tour 5: Tómbolo d. Giannella – Montemerano

Tómbolo d. Giannella – Albínia – Magliano in Toscana – Fattoria Colle Lupo – Montemerano (60 km)

Albínia verlassen Sie auf der SS 74, an der Einmündung dann nach links auf die SS 323 nach Magliano in Toscana lenken (etwa 23 km).

Das Stadttor führt Sie durch die noch fast vollständig erhaltene Stadtmauer. Der in der Mitte liegende Platz ist mit Bänken bestückt. Weit ab vom Touristenstrom können Sie sich von der Fahrt hinauf zu diesem alten Örtchen erholen.

Nachdem Sie die herrlichen Ausblicke hinein in die Hügelwelt bis hinunter zum Meer und zum Monte Argentário genossen haben, geht es hinein in eine bizarre Landschaft. Sanfte Hügel mit Bauernhöfen darauf liegen vor Ihnen. Eine kleine Asphaltstraße, auf der nur selten ein Auto entlangfährt, trägt Sie durch diese von der Landwirtschaft geprägte Region. Um auf diese Straße zu gelangen, fahren Sie vom höchsten Punkt Maglianos hinunter, durch das östliche Stadttor, durch welches Sie zuvor gekommen sind. Direkt dahinter links führt die kleine asphaltierte Straße steil hinunter. Dieser folgen Sie durch die Hügelwelt. Auf und ab geht es und immer wieder lassen atemberaubende Ausblicke das Herz des Reiseradlers höherschlagen.

Eine kräftige Steigung kostet Mühe, doch oben auf der Hügelkette genießen wir den Blick ins nächste Tal. Ein altes Schild weist den zurückliegenden Weg nach Magliano aus.

Sie radeln rechts auf der Hügelkette entlang, bis Sie links um einen Hügel herum fahren, auf dem die *Fattoria Colle Lupo* liegt. Schießlich endet die kleine Straße an einer neu asphaltierten größeren, der SP 146. Dieser folgen Sie links Richtung *Scansano/Pomonte,* bis sie an einer stärker befahrenen Querstraße endet. Auf dieser radeln sie rechts Richtung *Pomonte/Manciano.* Langsam schlängelt sich die Straße hinauf. Nachdem Sie den Fluß Albegna erneut überquert haben, können Sie auf dem Hügel vor Ihnen schon *Montemerano* erkennen.

Nach einem kräftigen Anstieg können Sie sich entscheiden, ob Sie rechts in den Ort hinauffahren möchten – eine Stadtbesichtigung lohnt sich –, oder ob Sie gleich links Richtung Satúrnia abbiegen wollen. Hier geht es wieder bergab, und auf der linken Straßenseite bieten viele Höfe »Ferien auf dem Bauernof« an. Wer gerne zeltet, der sollte ebenfalls linker Hand auf den Hof *BG Agrituristica Bergamo* abbiegen.

i Hier kann man sein Zelt hinter dem Haus im Garten aufstellen, in einem Nebenhaus steht ein neu eingerichtetes Badezimmer mit Dusche zur Verfügung. Tisch und Bänke laden zum Sitzen ein, eine Möglichkeit zum Grillen ist vorhanden. Die Aufnahme ist sehr freundlich. Mit ein paar Brocken italienisch sowie händisch und füßisch sind schnell alle Fragen geklärt.

Wer sich gerne noch ins Thermalwasser legen möchte, der folgt nun der Straße Richtung Satúrnia weiter bergab. Von einer Rechtskurve fällt der Blick hinunter ins Tal und auf die berühmten weißen Kaskaden von *Satúrnia,* die zu einem kostenfreien Bad in angenehm warmem Schwefelwasser einladen.

Tour 6: Montemerano – Fattoria Etrusca

Montemerano – Satúrnia – Fattoria Etrusca (15 km)

Von Montemerano folgen Sie der Ausschilderung nach Satúrnia. An den Kaskaden führt die Straße vorbei, dann lassen Sie die Kuranlage rechts liegen und radeln den nächsten Hügel hinauf in das mittelalterliche Städtchen. Auch hier lohnt eine Besichtigung, ehe Sie der Straße weiter Richtung Semproniano folgen. Kaum geht es bergab, steht rechter Hand ein Schild, welches darauf hinweist, daß es zur *Fattoria Etrusca* links ab geht und nur noch neun Kilometer zurückzulegen sind.

Sie folgen dieser Ausschilderung und eine fast autofreie Straße führt durch eine herrliche Hügelwelt. Jetzt geht es Richtung *Usi* ordentlich bergab, bis das Flußtal des Albegna das dritte Mal erreicht ist und wieder mit einer Brücke überquert wird. Auf der anderen Seite des Flusses steigt die Straße nun wieder an. Immer weiter folgen Sie dieser herrlich ruhig gelegenen Straße, vorbei an verfallenen aber auch neu restaurierten Landhäusern. Nachdem Sie dieser Straße rund acht Kilometer gefolgt sind, biegen Sie rechts ab Richtung *Rocchette de Fazio.* Der unbefestigten Straße folgen, bis rechter Hand die *Fattoria Etrusca* auftaucht.

i

Hier kann man ein Zimmer mit Bad mieten, auf der anderen Seite des Hauses lädt eine gemütliche Küche zum Kochen und Essen ein. Wer hier übernachten möchte, sollte unbedingt zuvor in Satúrnia einkaufen, denn hier kann man Ruhe in wunderschöner Natur genießen, jedoch keinen Supermarkt um die Ecke finden. Der nächste Ort, in dem Einkaufsmöglichkeiten vorhanden sind, und die Pizzeria Zencero zu einem typischen Essen der Region einlädt, ist *Semproniano*. Der Weg von etwa zehn Kilometern ist jedoch beschwerlich. Nachdem es noch ein Stück bergauf geht, fällt die Straße steil ins Albegnatal ab, um dann über etliche Kilometer stark anzusteigen.

Die weitere Beschreibung folgt im Kapitel Monte Amiata / Tour 1a, 2.

Tour A1: Massa Maríttima – Castiglione della Pescáia

Massa Maríttima – Follónica – Castiglione della Pescáia (45 km)

Von Massa Maríttima bieten sich zwei Routen an. Wer weiter der Küste Richtung Süden folgen möchte, der radelt auf der SS 441 am Fluß entlang bis nach Follónica und biegt dort links ab Richtung Punta Ala (ab Follónica siehe Grosseto Tour 1).

Tour A2: Massa Maríttima – Monticiano

Massa Maríttima – S. Galgano – Monticiano (45 km)

Wer sich für eine Umrundung der nördlichen oder südlichen Toskana entscheidet, der hat die Möglichkeit, von Massa Maríttima der wenig befahrenen SS 441 zu folgen. Mehr hinauf als hinunter führt der Weg in die Hügelwelt hinein, bis sich die Straße durch das wilde Mersetal windet.

Parco Naturale della Maremma

Rechter Hand taucht das alte Kloster *S. Galgano* auf, welches Sie unbedingt besichtigen sollten.

Dann geht es weiter, bis Sie schließlich auf eine Querstraße (die SS 73) stoßen. Hier können Sie wählen, ob Sie links abbiegen und direkt nach Siena radeln, oder ob Sie hinein in den Urwald Richtung *Monticiano/ Tocchi* fahren wollen.

Nach *Monticiano* biegen Sie rechts ab, überqueren die Merse und folgen der Straße hinauf bis in den Ort hinein.

i Hier gibt es ein wunderschönes kleines Hotel mit einem sehr guten Restaurant. Wer hier übernachten möchte, sollte jedoch unbedingt vorbestellen!
Hotel und Restaurant *da Vestro locanda* in Monticiano, Rita Holzleiter-Barsotti, Via Senese 4, 53015 Monticiano (SI), Tel.: 0577/ 75 66 18 oder 75 65 66. Hier wird u. a. deutsch gesprochen, und es werden traditionelle Köstlichkeiten der Maremma serviert.

Weiter siehe Kapitel Siena

Tour A3: Camping Feníglia – Camping Capálbio

Tómbolo di Feníglia – Ansedonia – Lago di Burano – Capálbio (35 km)

Wer die Ruinen von Cosa besichtigen, eine Pause am See von Burano genießen und die mittelalterlichen Städtchen Manciano, Pitigliano und Sorano besuchen möchte, dem empfehlen wir die südliche Route Richtung Monte Amiata.

Sie verlassen den Monte Argentário über die *Tómbolo di Feníglia*, die für den Autoverkehr gesperrt ist. Leider müssen Sie das Rad über die Absperrung tragen, doch ist das Fahrradfahren erlaubt! Nach Erreichen des Festlands biegen Sie rechts ab Richtung *Ansedónia*. Nach Besichtigung der Stätte folgen Sie der kleinen Straße weiter Richtung Süden, bis rechter Hand der Lago di Burano auftaucht. Fast bis zu seinem Ende folgen Sie diesem und biegen dann bei der ersten Möglichkeit links ab über die

Schienen Richtung Via Aurelia, fahren jedoch gleich wieder rechts, um der nächsten Straße links hinauf Richtung *Capálbio* zu folgen. Oben angekommen haben Sie einen atemberaubenden Ausblick über das Meer.

Tour A4: Capálbio – Pitigliano

Capálbio – Lago Acquato – Fornace – Manciano – Pitigliano (50 km)

Von Capálbio folgen Sie der Straße rechts Richtung Südosten, bis Sie nach etwa drei Kilometern die nächste Querstraße erreichen. Hier biegen Sie links ab und radeln auf einer einsamen Straße durch die Hügelwelt am südlichen Zipfel der Toskana Richtung *Manciano*. Durch *Lagaccioli,* vorbei am *Acquato-See,* erreichen Sie den kleinen Ort *C. Piancalcáio*. Hier müssen Sie sich entscheiden, ob Sie der Straße weiter am Fluß entlang Richtung *Sgrillozzo* folgen, oder der nicht so komfortablen Strecke rechts und wieder rechts nach *Fornace*. Die letztere hat den Vorteil, daß Sie erst später die SS 74 erreichen und sich so mit dem stärkeren Autoverkehr nur wenige Kilometer bis nach *Manciano* arrangieren müssen.

Von Manciano in einer rasanten Abfahrt in das Fioratal hinabrollen, und dann noch einmal 150 Meter hinauf auf die Tuffsteinfelsen nach Pitigliano.

Tour A5: Pitigliano – Castell Azzara

Pitigliano – Sorano – Castell Azzara (35 km)

Die Strecke von Pitigliano nach Castell Azzara ist zwar nur etwa 35 Kilometer lang, doch sind dafür etliche Höhenmeter zu überwinden. Traumhafte Ausblicke auf die bewaldeten Hügel, auf kleine mittelalterliche Orte und manche Burgruinen entschädigen jedoch für alle Mühen.

Sie verlassen Pitigliano an der Kreuzung der SS 74 links Richtung *Sorano*. Auf einer einsamen Straße geht es hinauf in den mittelalterlichen Ort. Links, durch Sorano hindurch, folgen Sie den Serpentinen hinunter, überqueren den Fluß Lente und radeln bis zur nächsten Abzweigung. Dieser folgen Sie rechts, in die Hügel hinein und immer wieder können Sie einen Blick auf den Monte Amiata erhaschen. Vielmehr hinauf als hinunter geht es und atemberaubende Ausblicke laden zu herrlichen Verschnaufspausen ein. *Castell Azzara* ist einer der höchstgelegenen Orte der südlichen Toskana, und wenn Sie die 815 Höhenmeter überwunden haben, genießen Sie den grandiosen Ausblick in die Umgebung!

i Von Castell Azzara folgt man etwa drei Kilometer der Ausschilderung nach Il Cornacchino. Es ist ein kleiner Weiler von sechs Häusern und liegt inmitten von Pferdeweiden, Wäldern und einer Hirschzucht. Wer in Castell Azzara übernachten möchte, dem empfehlen wir *Il Cornacchino,* Loc. Cornacchino, 58034 Castell Azzara (GR), Tel. (39) 0564/ 951 582, Fax 951 655. Wer ein Zimmer mieten oder sein Zelt aufstellen möchte, der ist hier willkommen. Auf den Tisch kommen traditionelle Gerichte aus der Region, und mit Deutsch oder Englisch kommt man zurecht.

Wer gerne einen Ausritt unternehmen möchte, der hat hier Gelegenheit dazu, für einen Tag oder auch für eine Woche.

Die weitere Streckenbeschreibung finden Sie im Kapitel Monte Amiata Tour A1!

Städte • Sehenswürdigkeiten • Informationen

Provinzhauptstadt Grosseto

Dies ist eine der wenigen Städte der Toskana, die kaum über künstlerische Bauwerke verfügt. Das liegt zum einen daran, daß sich die ursprüngliche etruskische Stadt Roselle, die zwischen dem 9. und 8. Jahrhundert v. Chr. gegründet wurde, nicht auf dem heutigen Stadtgebiet befindet. *Roselle* wurde durch die Sarazenen fast vollständig zerstört. Die Überlebenden gründeten 935 die Stadt Grosseto. Zum anderen gab es in Grosseto außer den Aldobrandeschi keine Oberschicht, die ihre Palazzi von den einfachen Häusern ihrer Untertanen abheben wollte.

Trotzdem lohnt ein Besuch der Stadt, die auch heute noch einen wesentlichen Anteil ihres Einkommens aus dem blühenden Handel mit landwirt-

Gastfreundschaft auf italienisch – »Fattoría Etrusca«

schaftlichen Produkten erwirtschaftet. Die Höhen und Tiefen Grossetos sind weniger auf kriegerische Auseinandersetzungen zurückzuführen, sondern vielmehr auf die Erfolge und Mißerfolge bei der Bekämpfung der Malaria, die erst in diesem Jahrhundert endgültig besiegt werden konnte.

Durch das Stadttor *Porta Nuova* erreichen Sie die Altstadt, die von einem sechseckigen begrünten Bollwerk eingegrenzt wird. Francesco I. ließ diese Befestigungsmauer im Jahre 1574 anlegen. Sehenswert ist der Dom, der zwischen 1294 und 1302 auf den Fundamenten des einfachen Baus aus dem 12. Jahrhundert errichtet wurde. Heute leuchtet Ihnen die Domfassade weißrosa entgegen, ein Ergebnis des romantizistischen Zeitgeistes aus den Jahren 1840 - 1845.

Berühmt ist Grosseto für sein Archäologisches und Kunsthistorisches Museum, in dem man die Geschichte der Maremmen in einer umfangreichen Sammlung nachvollziehen kann, beginnend mit prähistorischen Funden bis hin zu den kostbaren Sammlungen des einstigen Diözesanmuseums.

Etwas Besonderes sind die Ausgrabungen von *Roselle*. Hier sind Häuser aus dem 7. Jahrhundert v. Chr., die Befestigungsmauer aus der Mitte des 6. Jahrhundert v. Chr., ein hellenistisches Wohnhaus, das Gebiet des Forums und einige wichtige Gebäude zu sehen.

- Museo Archeologico e dell Arte della Maremma
  (Archäologisches und Kunsthistorisches Museum der Maremmen)
  Piazza Baccarini, Tel. 0564 / 272 90

Castiglione della Pescáia
Dies ist sicherlich einer der schönsten Badeorte der Toskana. Durch enge Gäßchen führt der Weg hinauf zu der auf einer Hügelkuppe liegenden Burg *Rocca aragonese,* erbaut von dem Sienesen Alfonso d'Aragona (14. - 15. Jh.).

Die eindrucksvolle Befestigungsanlage mit ihren Mauern und Türmen ist wunderschön anzuschauen. Von hier oben hat man einen traumhaften Blick über den Hafen, in dem die kleinen, hellen Bote auf und ab tanzen und das türkisblaue Meer in der Sonne glitzert.

Der *Tómbolo-Pinienwald,* der sich über zehn Kilometer an der Küste entlang erstreckt, liegt im Südwesten von Castiglione della Pescáia und steht unter Naturschutz. Es ist sehr angenehm, wenn die Sonne heiß vom Himmel scheint, unter seinem dichten Nadeldach entlangzuradeln.

Magliano in Toscana
Magliano hat seinen Ursprung, wie viele andere Orte in der Umgebung, in der Etruskerzeit. Später eroberten die Römer die Stadt. Ihr mittelalterliches Aussehen hat sie bis heute bewahren können. In dem verschlafenen Ort sind nur wenige Touristen anzutreffen. Ein Teil der aus dem 15. Jahrhundert stammenden Stadtmauer geht bis auf das 13. Jahrhundert zurück und viele Bauten sind Überreste aus dem 15. Jahrhundert, Zeugnisse der Aldobrandeschi von S. Fiora. Wunderschön sind die Kirche Johannes des Täufers, die romanisch-gotische Kirche des Hl. Martin, der Priorenpalast sowie der spätgotische *Palazzo di Checco il Bello.*

Manciano
Museo della Preistoria e della Prostoris della Valle del Fiora
(Museum für Vor- und Frühgeschichte des Fiora-Tals)
Tel. 0564 / 629 22 (montags gschlossen)

Massa Maríttima
Der Ort ist ein Meisterwerk des Städtebaus und reich an berühmten Werken der Malerei und Bildhauerei. Er besteht aus zwei Siedlungen: der romanischen Altstadt *(Cittá Vecchia)* und der gotischen Neustadt *(Cittá Nuova).* Während die Altstadt unregelmäßig angelegt wurde, mit gewundenen Straßen, die in einem sternförmigen Hauptplatz zusammentreffen, weist die

Neustadt auf dem Hügelgipfel eine rechtwinklige Straßenanlage mit Nord-Süd- und Ost-West-Achsen auf. Die Verbindung schafft die *Fortezza Senese* (Festung der Sienesen), die 1337 erbaut wurde. In dem Küstenstrich zwischen Meer und Stadt wurde bis in das 14. Jahrhundert Silber und Kupfer abgebaut. An diese Zeiten erinnert heute noch das Bergbaumuseum, welches in den Gängen unter der Altstadt eingerichtet ist. Der wirtschaftliche Niedergang des Ortes durch die Malaria trug paradoxerweise dazu bei, daß das eindruckvolle, mittelalterliche Stadtbild erhalten blieb.

- Museo della Miniera (Bergwerksmuseum) Via Corridori, Tel. 0566 / 90 22 89
- Museo Archeologico – Piazza Garibaldi, Tel. 0566 / 90 22 89
- Museo di Arte e Storia delle Miniere (Museum für Kunst und Geschichte des Bergwerks), Piazza Matteotti, Tel. 0566 / 90 22 89, geöffnet vom 1.4. bis 30.9.

Orbetello

Museo Archeologico Guzman, Tel. 0564 / 86 80 10

Pitigliano

Hoch über den Tuffsteinfelsen ragt der Ort Pitigliano empor. Er gehörte jahrhundertelang zur Grafschaft der Orsini, deren prächtige Bauten die Stadt prägen. Die Anfänge des *Palazzo Orsini* auf dem Hauptplatz des Städtchens gehen auf das 14. Jahrhundert zurück. Auf dem Weg dorthin kommen wir an den zauberhaften Arkaden des aus dem 16. Jahrhundert stammenden Aquädukts vorbei. Hinter dem barocken Dom liegt die mittelalterliche Stadt.

Nicht weit von Pitigliano entfernt stoßen wir auf das aus dunklen Tuffsteinen erbaute Städtchen *Sorano.* Eingebettet in das felsige Tal des Lenta-Flüßchens liegt der Ort auf seinen in den Fels gehauenen Terrassen märchenhaft vor uns. Ein Aufstieg auf den *masso leopoldino,* den hohen Tuff-Fels mit Aussichtsplattform, lohnt sich allemal. Von hier kann man den Blick weit in die Umgebung schweifen lassen.

Roselle (Grosseto)

Osservatorio Astronomico Comunale – Loc. Casette di Mota

Satúrnia

In Satúrina treffen drei Kulturen aufeinander. Die etruskische, die römische und die mittelalterliche. Aus dem 7. - 6. Jahrhundert v. Chr. sind Gräber gefunden worden, mit halbverschüttetem Hügelgrab und kleinen Grabkammern, die mit einer aus nur einem Steinblock gehauenen, tischförmigen Platte bedeckt sind.

An das 4. - 3. Jahrhundert v. Chr. erinnern Teile des Mauerrings und die Porta Romana, die mit der Straße und dem Torbogen die verschiedenen Epochen des Ortes verbindet.

Weitere Ruinen liegen in der näheren Umgebung Satúrnias. Hier sei auf den großen Thermalbau und das bekannte *Castellum aquarium* in *Le Murella* verwiesen.

Schauen Sie sich auch die weißen Kaskaden des Thermalwasserflusses unterhalb der Stadt an. Hier lockt ein kostenfreies Bad unter freiem Himmel in ganzjährig 39° C warmem Schwefelwasser.

Sovana
Duomo e Chiesa di Santa Maria e Necropoli Etrusca
(Dom und Kirche S. Maria und etruskische Nekropole)
mittwochs geschlossen,Tel. 0564 / 61 65 31

Archäologische Parks

Roselle (Grosseto)
Parco Archeologico Etrusco-romano
Auskünfte: Tel. 0564 / 41 01 21 oder bei der Coop. Maremmagica,
Tel. 0564 / 49 66 70

Vetulónia (Castiglione della Pescáia)
Necropoli Etrusca, Tel. 0564 / 94 98 77

Ansedónia (Capalbio)
Cosa – Museo Archeologico – Rovine Di Cosa (Ruinen von Cosa)
Informationen: Tel. 0564 / 88 14 21

Ansedónia
Damit der Hafen nicht versanden konnte, wurde im römischen Zeitalter ein Kanal in den Felsen *Tagliata Etrusca* gehauen, durch den Wasser ins offene Meer geleitet wird. Die Reinigung durch das Hin- und Herfließen des Wassers funktioniert bis heute. Wie dies geschieht, ist noch immer nicht genau geklärt.

Naturparks und Schutzgebiete

Alberese (GR)

Parco Naturale della Maremma

Der sicherlich bekannteste Naturpark der Provinz Grosseto, wenn nicht der gesamten Toskana, ist das Schutzgebiet zwischen *Principina a Mare* und *Talamone*. Der Park ist 100 Quadratkilometer groß und wird im Süden und Südwesten vom Meer umspült, während im Osten die Via Aurelia die Grenze bildet. In diesem Gebiet kann man durch die Monti dell Uccellina, den Pinienhain von Marina di Alberese und das Sumpfgebiet an der Ombrone-Mündung wandern.

In Marina di Alberese, wo auf saftigen Wiesen die weißen *Maremma-Kühe* und wilden *Maremma-Pferde* weiden und in der Dämmerung Wildschweine und Rehe beim Äsen zu sehen sind, wo Sie durch die weite Sumpflandschaft der Ombrone-Mündung und den endlosen, warmen Sandstrand des Schutzgebietes entlanglaufen können, sowie in den von dichter Macchia bewachsenen Hügeln von Talamone erleben Sie die Natur kostenfrei. Dagegen ist der Zugang zu den Hauptrouten nur mit einer Eintrittskarte möglich. Das Besucherzentrum des Parks *(Centro Visite del Parco)*, zuständig für die Anmeldung und den Kartenverkauf, liegt direkt in Alberese.

Sümpfe von Marina di Alberese

Von dort fährt ein Bus in den Park hinein, den man auf jeden Fall nutzen sollte, denn das Fahrrad muß leider draußen bleiben. Acht Kilometer zu Fuß auf der Asphaltstraße zu den Ausgangpunkten der Touren zurückzulegen, ist kein Vergnügen.

Wer die Küste von Grosseto bereist, sollte unbedingt ein bis zwei Tage für den Besuch des Parks einplanen. Der *Parco Naturale della Maremma* ist ein beeindruckendes Erlebnis und unbedingt zu empfehlen!

Achtung, es gelten besondere Öffnungszeiten!
Die Gebiete, die kostenfrei zu begehen sind, sind täglich von 9.00 Uhr bis zum Einbruch der Dunkelheit geöffnet. Die Hauptrouten sind nur am Mittwoch, Samstag und Sonntag zugängig. An den anderen Tagen sind sie für Schulklassen und Gruppen inklusive Parkleitung geöffnet.

Sollte der Besucherandrang sehr hoch sein, kann es zu Wartezeiten kommen, da immer nur 500 Personen in den Park eingelassen werden.

Capálbio – Lago di Burano
Riserva Naturale W.W.F. – Bivio di Capalbio Scalo
Das Besucherzentrum ist vom 1.9. - 30.4. geöffnet.

Massa Maríttima
Carapax – Zentrum für den Schutz der Schildkröte. Montags geschlossen.

Orbetello
- Rifugio Faunistico W.W.F. – Loc. Ceriolo
  Besucherzentrum Tel. 0564 / 82 02 97
- Bosco di Pantanella Oasi W.W.F.
  Geführte Wanderungen: Tel. 0564 / 82 02 97

Pitigliano
Orto Botanico – Via S. Chiara 57, Pod. Pagliata, Tel. 0564 / 61 60 39. Samstags geschlossen.

Kulinarische Spezialitäten
In der Provinz Grosseto kommen Spezialitäten des Meeres, aber auch des Waldes auf den Tisch: würzige Brotsuppen, Lamm- und Huhnfleisch, Wildschwein und anderes Wild sowie Fischsuppe und gegrillter Fisch. Dazu werden kräftige Weine getrunken, weiß, rot und rosé. Berühmt sind der rote Süßwein *Morellino di Scansano,* der *Bianco di Pitigliano* und der *Brunello di Montalcino,* rubin- bis granatrot.

Verkehrsmittel

Bus

RAMA

- Grosseto, Tel. 0564 / 45 41 69
- Orbetello, Tel. 0564 / 86 70 57

SOC. FERROVIA MASSA – FOLLÓNICA

- Massa Maríttima , Tel. 0566 / 90 20 16
- Follónica, Tel. 0566 / 400 13

BRIZZI

Isola del Gíglio, Tel. 0564 / 80 40 55

Eisenbahn + Fahrrad

Wer Lust und Laune hat, kann von Grosseto oder auch von Follónica aus mit der Bahn z.B. nach Rom fahren. Die Hauptstadt Italiens liegt nur 178 Kilometer von Grosseto entfernt.

- FS – Grosseto, Tel. 0564 / 223 66
- FS – Follónica, Tel. 0566 / 400 43

Fährverbindungen

Von Porto S. Stéfano aus kann man die Inseln Gíglio und Ísola di Giannutri besuchen. Die Inseln sind vor allem für Naturfreunde sehr sehenswert. Leider kostet die Fahrradmitnahme umgerechnet DM 8,– /Strecke. Auf Gíglio gibt es auch einen Campingplatz, so daß man die Insel in aller Ruhe erkunden kann.

Es gibt drei Fährdienste, welche die Strecken bedienen. Informationen gibt es an den Fahrkarten-Verkaufsstellen direkt am Hafen, in denen in der Regel auch englisch gesprochen wird.

SOC. TO.RE.MAR.

Porto S. Stéfano – Tel. 0564 / 81 46 15

SOC. MAREGIGLIO

- Porto S. Stéfano – Tel. 0564 / 81 29 20
- Ísola del Gíglio – Tel. 0564 / 80 93 09

Cala Maestra Navigazione S.A.S.

- Porto S. Stéfano, Corso Umberto 87 – Tel. 0564 / 81 80 22

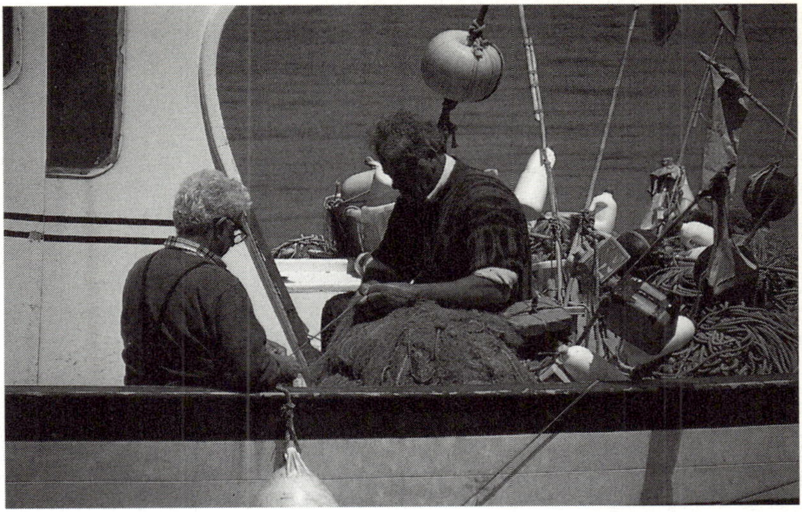

Fischer im Hafen von Porto S. Stéfano

Übernachtungsmöglichkeiten

Es gibt von der Provinz Grosseto ein Übernachtungsverzeichnis, in dem Hotel-, Privat- und Campingplatzadressen sowie die jeweilige Ausstattung beschrieben werden. Dieser Führer erscheint jedes Jahr neu und hat den großen Vorteil, daß auch bei den Häusern für »Ferien auf dem Bauernhof« die Campingmöglichkeiten auf den Höfen angezeigt werden.

Camping / Camping auf dem Lande

An der Küste ist es im Gegensatz zum Landesinneren kein Problem, einen Campingplatz zu finden. Wer die Küste verläßt, hat teilweise die Möglichkeit auf dem Bauernhof zu campieren (s.o.). An der beschriebenen Strecke gibt es folgende Möglichkeiten:

Punta Ala

Camping Int. Baia Verde (***), 58040 Punta Ala (GR), Tel. 0564 / 92 22 98, Fax 92 30 44, geöffnet: 1.4. - 31.10.

Der Platz liegt direkt am Meer, ist sehr groß, und hohe Pinien spenden angenehm Schatten.

Marina di Grosseto
Camping il Sole (**), Via Cavalleggeri, 58046 Marina di Grosseto, Tel./Fax 0564 / 343 44, geöffnet: 29.4. - 17.9.

Fünf Minuten zu Fuß bis zum Meer liegt der Platz in einem großen Pinienwald. Der Weg zum Camping ist nicht gepflastert. Bei starkem Regen nicht unbedingt zu empfehlen.

Talamone
Talamone International Camping Village (**), Via Talamone, 58010 Talamone (GR), Tel. 0564 / 88 70 26, Fax 88 71 70, geöffnet: 1.4. - 30.9.

Die Stellplätze sind auf Terrassen angelegt und bieten einen Ausblick über den gesamten Golf, vom Monte Argentario bis nach Talamone. Umgeben ist der Platz vom Grün des Maremma-Naturparks. Sicher einer der schönsten Campingplätze der Toskana. Leider liegt der Platz an einer stärker befahrenen Straße, und der Ausblick muß mitbezahlt werden.

Monte Argentario
Am Ende der Lagune Tómbolo d. Giannella (zum Monte Argentario), liegt: *Camping Village il Veliero* (***), Tómbolo d. Giannella, 58015 Orbetello (GR), Tel. 0564 / 82 02 01, Fax 0564 / 82 11 98, ganzjährig geöffnet.

Die Tagestouren starten hier. Der Platz liegt zwischen der Straße, die Autos sind bei nördlichen Winden leider nicht zu überhören, und der Lagune. Unter Bäumen kann man sich ein schattiges Plätzchen suchen. Bis zum Porto S. Stéfano sind es etwa fünf Kilometer.

Wer in absoluter Ruhe unter herrlichen Bäumen liegen und sich in einer wunderschönen Badebucht am Meer erholen möchte, dem empfehlen wir: *Camping Feníglia* (*), Loc. Feníglia Orbetello, 58019 Monte Argentario,Tel. 0564 / 83 10 90, Fax 0564 / 86 71 75, geöffnet: 1.4. - 30.9.

Der Platz liegt direkt an der Tómbolo di Feníglia, die für den Autoverkehr gesperrt ist, und aus einem herrlichen Pinienwald besteht. Von hier können Sie sechs Kilometer bis zum Festland wandern oder radeln. Bis zum Porto Ércole oder nach Orbetello sind es nur wenige Kilometer. Das »Nötigste zum Überleben« gibt es an der Bar oder im Supermarkt des Campingplatzes.

Montemerano
BG Agrituristica Bergamo, Sig. Silvio Tanilli (nur italienisch), Loc. Pianetti – Montemerano, 58014 Manciano, Tel. 0564 / 60 29 92. Der Hof liegt auf der linken Straßenseite von Montemerano nach Saturnia.

Diese Art des Zeltens, direkt im Garten mit Dusche und WC, ist eine Alternative für fehlende Campingplätze im Landesinneren. Leider bieten bisher nur wenige Landwirte diese Möglichkeit an.

Camping / Ferien auf dem Bauernhof an der Alternativstrecke Capálbio:
Capálbio (**), Via Pedemontana, Tel./Fax 0564 / 89 86 15

Castell Azzara
Il Cornacchino, Loc. Cornacchino, 58034 Castell Azzara (GR), Tel. (39) 0564 / 951 582, Fax 951 655.

Allgemeine Informationen über die Provinz Grosseto sind zu erhalten bei:
A.P.T. / Azienda di Promozione Turistica Grosseto
Via Monterosa 206
I-58100 Grosseto
Tel. 0039 / 564 / 45 45 10/27
Fax 0039 / 564 / 45 46 06

Provincia di Grosseto
Assessorato al Turismo
Via Cavour 5
I-58100 Grosseto
Tel. 0039 / 564 /48 41 11
Fax 0039 / 564 / 280 63

Ufficio Informazioni Castiglione della Pescáia
Piazza Garibaldi 6
I-58043 Castiglion della Pescáia (GR)
Tel. 0039 / 564 / 93 36 78
Fax 0039 / 564 / 93 39 54

Ufficio Informazioni Porto S. Stefano
Corso Umberto 55
Tel. 0039 / 564 / 81 42 08
Fax 0039 / 564 /81 40 52

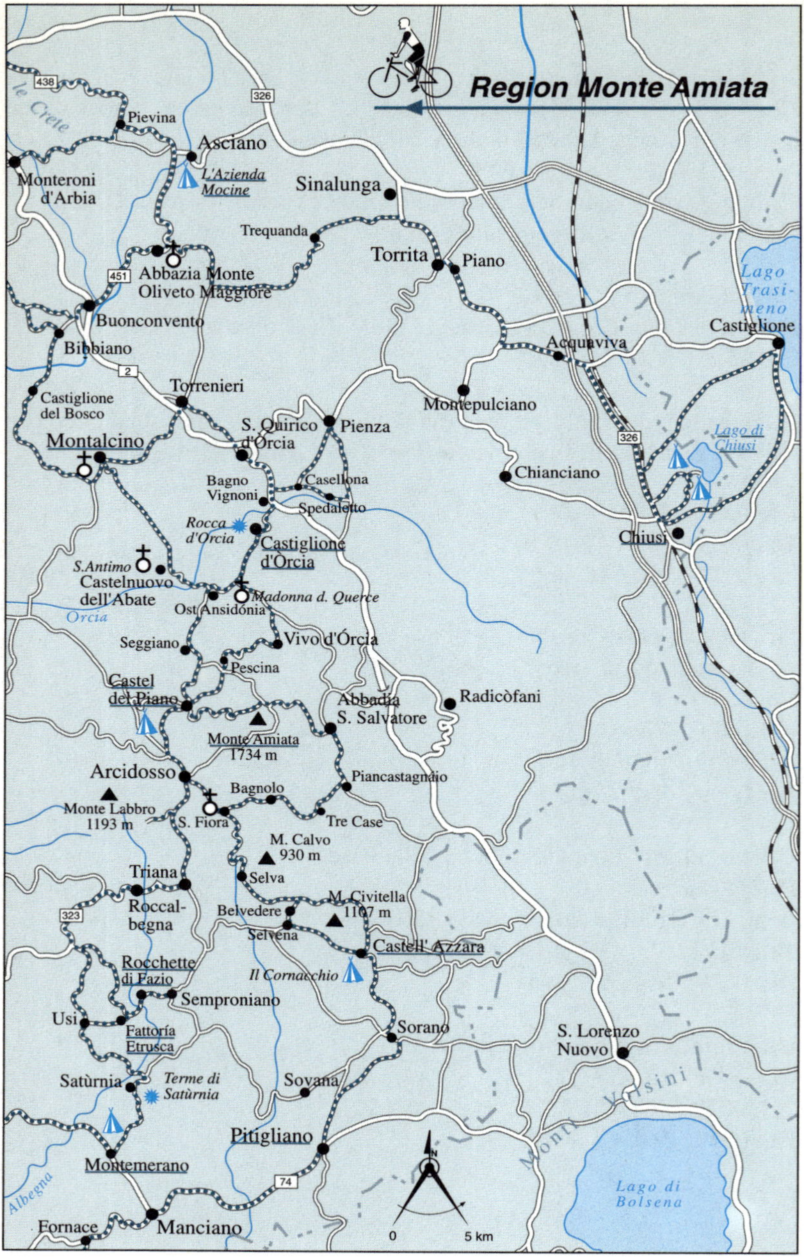

Region Monte Amiata
le Crete
438
326
451
2
326
323
74
Pievina
Asciano
L'Azienda Mocine
Sinalunga
Monteroni d'Arbia
Trequanda
Torrita
Piano
Abbazia Monte Oliveto Maggiore
Buonconvento
Bibbiano
Lago Trasimeno
Castiglione
Acquaviva
Torrenieri
Castiglione del Bosco
Montepulciano
Montalcino
S. Quirico d'Orcia
Pienza
Lago di Chiusi
Chianciano
Bagno Vignoni
Casellona
Spedaletto
Rocca d'Orcia
Castiglione d'Orcia
Chiusi
S.Antimo
Castelnuovo dell'Abate
Madonna d. Querce
Orcia
Ost
Ansidónia
Seggiano
Vivo d'Órcia
Pescina
Castel del Piano
Abbadia S. Salvatore
Radicòfani
Monte Amiata 1734 m
Arcidosso
Piancastagnaio
Bagnolo
Monte Labbro 1193 m
S. Fiora
Tre Case
M. Calvo 930 m
Selva
Triana
Roccalbegna
M. Civitella 1107 m
Belvedere
Selvena
Castell' Azzara
Rocchette di Fazio
Il Cornacchio
Semproniano
Usi
Fattoría Etrusca
Sorano
S. Lorenzo Nuovo
Satùrnia
Terme di Satùrnia
Sovana
Monti Volsini
Pitigliano
Montemerano
Albegna
Lago di Bolsena
Fornace
Manciano
0
5 km
N

Region Monte Amiata

Eine der eindrucksvollsten und interessantesten Regionen der Toskana ist die Gegend um den *Monte Amiata* (1.738 m). Der im Jungtertiär aktive Vulkan, ein riesiger Trachytkegel, schließt die Toskana im Süden ab. Mit seinem charakteristischen Profil ist er schon von weitem zu sehen. An klaren Tagen können Sie ihn vom Uccellina-Park, der Insel Giglio, den Chiantihügeln und von den Seen Trasimeno und Bolsena bewundern. Bewachsen mit Eßkastanien und Buchen ist er zu allen Jahreszeiten ein reizvoller Anblick. Im Frühling begrüßt das helle Grün der Blätter die neue Saison, im Sommer schützt der Wald vor den heißen Sonnenstrahlen und im Herbst lädt das bunte Laub zu herrlichen Spaziergängen ein. Im Winter kommen viele Italiener aus dem Süden, um den Hang des Amiata unter ihre Skier zu nehmen.

An diesem einzigartigen Berg entspringen viele klare und lebensspendende Quellen, die zu bekannten Flüssen und Tälern der Toskana führen. Einsame Weiler, berühmte Abteien, mittelalterliche Festungen und verlassene Bergwerke zeugen von einer langen und reichen Vergangenheit.

Tour 1a: Fattoria Etrusca – Rocchette de Fazio

Fattoria Etrusca – Rocchette de Fazio – Semproniano und zurück (20 km)

Von der *Fattoria Etrusca* folgen Sie rechts der Straße den Hügel hinauf, bis der Weg auf eine Querstraße stößt. Hier biegen Sie rechts ab Richtung *Rocchette de Fazio*. Bis zum Fluß Albegna geht es steil hinunter und nach dessen Überquerung wieder steil bergauf. Wilder Macchiawald bedeckt die Hänge des Albegna-Tals. Hier sind Wildschweine zu Hause, und auf den Wiesen wachsen wilder Spargel, Fenchel und Knoblauch.

Nach einem kräftigen Anstieg erreichen Sie *Rocchette de Fazio,* ein winziges mittelalterliches Örtchen, das hoch über dem Albegnatal auf einem Tuffsteinfelsen hängt. Einen Bummel durch diesen Weiler sollten

Sie sich nicht nehmen lassen, denn der Ausblick hinunter in das *Albegnatal* ist wunderschön.

Dann geht es weiter den Hügel hinauf, bis Sie auf 600 Metern endlich *Semproniano* erreichen. Zurück nehmen Sie den gleichen Weg.

Tour 2: Fattoria Etrusca – Castel del Piano

Fattoria Etrusca – S. Caterina – Roccalbegna – Triana – Parco Faunistico/ Monte Labbro – Arcidosso – Castel del Piano (40 km)

Von der *Fattoria Etrusca* radeln Sie weiter bergan, bis Sie die Abzweigung nach Rocchette de Fazio erreichen. Diese lassen Sie rechts liegen und fahren geradeaus weiter Richtung *Murci* und SS 323. Einige Kilometer folgen Sie einer herrlichen, kleinen Straße, fast ohne Autoverkehr und immer auf der Hügelkette entlang. Stetig bergaufradelnd haben Sie die Aussicht über das wilde Albegnatal.

Sie folgen der Ausschilderung *Murci/SS 323,* bis Sie schließlich die SS 323 erreichen. Hier fahren Sie rechts Richtung *Vetta Amiata.* Nachdem die gut asphaltierte Straße noch ein wenig bergan führt, kann man eine rasante Abfahrt ins *Albegnatal* bis nach *Roccalbegna* erleben. Roccalbegna ist eine wunderschöne, mittelalterliche Stadt. Von ihrem markanten Felsen, auf dem die Ruinen der alten Rocca stehen, kann man nicht nur das Städtchen von oben bewundern, sondern weit durch das Albegnatal hinunter bis zum Meer sehen.

Die SS 323 steigt nun wieder an, bis Sie *Triana* erreichen. Dieses winzige Örtchen besteht aus einem alten Landschloß, das 1388 von der Familie Aldobrandeschi an die sienesische Familie Piccolomini überging, und vielleicht dem kleinsten Restaurant ganz Italiens, der *Osteria del Vecchio Castello.* Hier locken Köstlichkeiten der Region.

Von Triana aus schraubt sich die Straße links Richtung *Arcidosso/Castel del Piano* in Serpentinen in die Höhe. Die Ausblicke werden noch imposanter und einige Schweißtropfen weiter taucht links ein Kiesweg auf. Ein Schild weist Ihnen den Weg zum *Parco Faunistico Monte Labbro,* der unbedingt einen Besuch wert ist.

Sie lassen den Kiesweg links liegen und fahren weiter auf der Hauptstraße, bis Sie an der großen Kreuzung den höchsten Punkt erreicht haben. Dann sausen Sie geradeaus etwa 140 Meter nach Arcidosso hinunter. Im

Ort weist ein Schild nach rechts Richtung *Castel del Piano.* Noch einmal geht es hinauf, bevor an der Ortseinfahrt von Castel del Piano auf der linken Straßenseite der *Campingplatz Residence Amiata* auftaucht.

Tour 2a: Monte Amiata

Castel del Piano – Prato d. Macináie – Abbadia San Salvatore – Piancastagnáio – S. Fiora – Arcidosso – Castel del Piano (50 km)

Um den *Monte Amiata* mit seinen eindrucksvollen Landschaften und kleinen mittelalterlichen Orte kennenzulernen, sollten Sie ein paar Tage Zeit einplanen. Entweder Sie radeln um den alten Vulkan herum, oder Sie nehmen den Bus. Auch eine Kombination der beiden Verkehrsmittel ist in dieser bergigen Gegend durchaus attraktiv. Die Fahrräder können im Gepäckraum des Busses mitgenommen werden. Ein Fahrplan ist über A.P.T dell' Amiata oder direkt beim Busbahnhof der Gesellschaft RAMA in Arcidosso zu erhalten.

Wer die Bergspitze erklimmen möchte, der radelt auf der kleinen Rundtour etwa 35 Kilometer von Castel del Piano, über *Prato d. Macináie,* zwei Kilometer rechts, dann wieder links hinauf zum Gipfel. Den Rückweg können Sie über *Arcidosso* nehmen.

Die Tour führt Sie durch herrliche Landschaft und vorbei an kleinen, mittelalterlichen Orten. Vom Campingplatz in *Castel del Piano* radeln Sie links auf der Hauptstraße entlang, um dann rechts hinauf, Richtung *Vetta Amiata,* zum Berggipfel abzubiegen. Nun folgen neun mal mehr, mal weniger steile Kilometer bis zur unteren Skiliftstation *Prato d. Macináie.* Hier haben Sie schon stolze 1.385 Höhenmeter erreicht. Wer hinauf zum Gipfel radeln möchte, der biegt hier rechts ab. Für die große Rundtour folgen Sie jedoch der Straße links um den Berg herum, Richtung *Abbadia S. Salvatore.*

Durch herrliche Eßkastanien- und Buchenwälder schlängelt sich der Weg. Bei der nächsten Möglichkeit biegen Sie rechts ab, um dann links den Hang hinunter zu radeln. In einer rasanten Abfahrt geht es nun etwa 8,5 Kilometer nach *Abbadia S. Salvatore.* Wer durch das mittelalterliche Zentrum mit seiner Abtei schlendert, der fühlt sich um Jahrhunderte zurückversetzt und würde sich wahrscheinlich nicht einmal wundern, wenn plötzlich ein Ritter zu Pferd durch die engen Gassen geritten käme. Abba-

Herrliche Aussicht von Rocchette de Fazio

dia S. Salvatore, einer der bedeutensten Orte im Mittelalter, ist heute Touristenzentrum des Amiata. Dabei hat er keineswegs seinen alten Charme verloren.

Weiter geht die Fahrt auf und ab nach *Piancastagnáio.* Und schon nach wenigen Kilometern ragt die mächtige Festung der Aldobrandeschi vor Ihnen auf, die heute ein Museum beherbergt. Sie ist das bekannteste Bauwerk des Ortes, bestehend aus dunklen Lavasteinmauern, Zinnen und Kragsteinen. Von der Festung haben Sie einen herrlichen Blick über die roten Dächer der Altstadt, die eindrucksvoll über dem Tal liegt. Seinen Namen verdankt Piancastagnáio den mächtigen Kastanien in seiner Umgebung, und wenn Sie durch den Park von der Festung in die Altstadt wandern, kommen Sie an einigen wirklich sehenswerten Exemplaren vorbei. Unterhalb des Ortes steigt gelber Rauch auf, der ehemalige Vulkan grüßt. Im Tal liegt eines der reichsten Schwefelvorkommen des Amiata, welches von mehreren kleinen Elektrizitätswerken genutzt wird.

Sie lenken links auf die Hauptstraße Richtung *S. Fiora.* Vorbei an den kleinen Dörfchen *Tre Case, Saragiolo* und *Bagnolo* rollen Sie unter herrlichen Kastanien entlang.

S. Fiora, erbaut auf einem Trachytfelsen, ist der ruhigste und besterhaltene aller antiken Orte des Amiata. Hier liegt die Quelle der Fiora, die am

Fuße des Felsens in einem Fischweiher zwischengespeichert wird. Von diesem, der bekannt ist für seine Schwäne, haben Sie einen schönen Blick hinauf zu der alten Stadt. Das bekannteste Gebäude ist die Pfarrkirche von Santa Flora und Santa Lucilla, welche vor dem Jahre Tausend entstand und im 13. Jahrhundert erneut aufgebaut wurde. Sie beherbergt heute eine Sammlung einmaliger Terrakottafiguren, die *Andrea della Robbia* zugesprochen werden.

Von S. Fiora schlängelt sich die Straße über Marroneto und Bágnore wieder näher an den Monte Amiata heran. Dabei müssen noch einmal 150 Höhenmeter überwunden werden, ehe eine rasante Abfahrt nach Arcidosso hinunterführt. Der letzte Anstieg dieser Tour führt hinauf nach *Castel del Piano,* wo der einzige Campingplatz der Region Monte Amiata liegt.

Tour 3: Castel del Piano – Castiglione d' Órcia

Castel del Piano – Pescina – Vivo d' Órcia – Castiglione d' Órcia (34 km)

Wer auf einsamen Straßen, durch Eßkastanienwälder und kleine Weiler radeln, wilde Lupinen und Orchideen am Wegesrand bewundern möchte, der folgt dieser Route (Anschluß nach Montalcino siehe Siena Tour 2). Den direkten Weg nach Montalcino beschreibt Tour A2.

Vom Campingplatz in Castel del Piano fahren Sie links auf die Hauptstraße und folgen der SS 323 Richtung *Seggiano.* Nach etwa drei Kilometern biegen Sie rechts ab Richtung *Pescina / Vivo d' Órcia.* Von hier geht es rund zwei Kilometer in engen Serpentinen steil hinauf. Die fast autofreie Straße und herrliche Natur entschädigen für die Mühen, und dann führt die Strecke immer unterhalb des Amiatagipfels auf und ab am Hang entlang. Links hinunter ergeben sich ständig neue schöne Ausblicke, hinüber nach Seggiano und hinein in die umliegenden Hügel und Flußtäler.

Schließlich erreichen Sie den kleinen Ort *Pescina.* Hier befindet sich eine Bar, und kurz vor Pescina sowie im Ort selbst gibt es jeweils ein Hotel mit Restaurant. Wer die Ruhe genießen oder den Monte Amiata erkunden möchte, der ist hier richtig.

Der kleine Gemeindepark von Pescina, in dem Tische, Bänke und frisches Trinkwasser zu finden sind, beschirmt von schattenspendenden Bäumen, lädt zum Pausieren ein. Sie biegen an der Kreuzung links Richtung

Seggiano ab. Nach etwa 300 Metern taucht rechter Hand dieser herrliche Rastplatz auf.

Von Castel del Piano kommend fahren Sie geradeaus über die Kreuzung und folgen weiter der SP 129 Richtung *Vivo d' Órcia.* Bis auf 860 Höhenmeter schraubt sich die kleine, asphaltierte Straße hinauf. Immer wieder laden Teppiche von wilden Stiefmütterchen und einzelnstehende Orchideen zum Anhalten und Fotografieren ein.

Vivo d' Órcia ist einer der höchsten und wohl der ruhigstgelegene Ort des Amiata. Bevor jedoch die moderne Ortschaft erreicht ist, fällt der Blick am Flußtal hinunter auf die Einsiedelei des *Vivo Contea*, ein Gebäude aus der Spätrenaissance. Sie überqueren die *Brücke der Verliebten* und radeln am Fluß entlang in den Ort hinein.

Nachdem Sie geradeaus die Kreuzung Richtung *Castiglione d' Órcia* überquert haben, fällt die Straße steil ab. An der nächsten Gabelung radeln Sie links auf die SP 18, um die Hänge des Monte Amiata zu verlassen. Dann führt der Weg den nächsten Hügel hinauf, vorbei an dem kleinen Kirchlein *Mad. d. Querce* und danach den Hang wieder hinunter. Sie erreichen ein Stop-Schild und können hier zwischen zwei Varianten wählen. Entweder Sie radeln geradeaus hinauf nach Castiglione d' Órcia und besichtigen den mittelalterlichen Ort mit seiner alten Burg, oder Sie biegen links ab und fahren die rund 25 Kilometer über *S. Ántimo* hinauf nach *Montalcino.* Für letztere Strecke benötigen Sie noch einen halben Tag Zeit und viel Energie. Die Reste der Abbazia di S. Àntimo sollten Sie unbedingt besuchen und vom Órciatal müssen Sie mindestens noch einmal einen Anstieg von 350 Meter überwinden.

Im Kapitel Siena folgt die weitere Streckenführung. Von Castiglione d' Órcia siehe Touren 1a und 2, von Montalcino siehe Tour 3.

Fortsetzung der Touren Grosseto A3, A4, A5:

Tour A1: Castell' Azzara – Castel del Piano

Castell' Azzara – Selva – S. Fiora – Arcidosso – Castel del Piano (35 km)

Von Pitigliano kommend fahren Sie durch Castell' Azzara hindurch und folgen der Straße geradeaus, die sich rechts um den Monte Civitella (1.107 m) windet.

Einen Abstecher nach *Selvena* und zur *Rocca Silvana* sollten Sie sich bei schönem Wetter unbedingt gönnen. Entweder Sie folgen der durch den Ort beschriebenen Route und biegen an der Kreuzung links Richtung *Selvena* ab, oder Sie fahren gleich im Ort *Castell' Azzara* links ab, umfahren den Monte Civitella somit auf seiner südlichen Seite und radeln direkt nach Selvena.

Von der mittelalterlichen Wachturmruine, der *Rocca Silvana,* die auf steil herabfallendem Felsen aus der Landschaft herausragt, haben Sie .einen grandiosen Panoramablick auf den Monte Amiata.

Sie verlassen die Ruine und radeln wieder die Steigung hinauf bis zur Kreuzung. Hier biegen Sie links ab Richtung *Selva* und *S. Fiora*. Nach einer Besichtigung der guterhaltenen mittelalterlichen Ortschaft *S. Fiora* folgen Sie der Hauptstraße links hinauf Richtung *Arcidosso*. An der nächsten Kreuzung haben Sie die Höhe von 818 Metern geschafft, und Sie können nun auf einigen Kehren nach Arcidosso hinunterrollen. Dort rechts hinauf nach *Castel del Piano.*

i

Der Campingplatz und die Residence (Appartements) *Amiata* liegen links von der Hauptstraße, gleich am Anfang des Ortes.

Roccalbegna

Tour A2: Castel del Piano – Montalcino

Castel del Piano – Seggiano – Ost. Ansidónia – Monte Amiata – S. Ántimo – Montalcino (35 km)

Dies ist die direkte Variante von Castel del Piano nach Montalcino. Sie folgen der SS 323 Richtung Seggiano. *Seggiano* ist mit seinen 491 Metern über dem Meeresspiegel der tiefliegendste Ort am Monte Amiata. Durch die vielen Olivenbäume schimmert das Heiligtum der *Madonna della Caritá* (Madonna der Barmherzigkeit). Dieses Gebäude sollten Sie sich auch von innen anschauen.

Wer etwas mehr Zeit hat, dem sei empfohlen, durch die kleinen Gassen von Seggiano zu bummeln und der Straße hinauf durch das bekannte *Valle degli ulivi* (Olivental) Richtung des Schlosses von Potentino zu folgen. Von ihr haben Sie einen wunderschönen Blick auf Seggiano und die bewaldeten Höhen des Monte Amiata.

Von *Seggiano* radeln Sie hinunter ins Flußtal, welches Sie überqueren, um dann auf der anderen Seite wieder hinaufzufahren. Doch schon nach wenigen Kilometern geht es steil bergab, bis zur Ost. Ansidónia, wo sie gleichzeitig die Provinzgrenze von Grosseto und Siena erreichen. An der nächsten Möglichkeit biegen Sie links ab Richtung der *Abbazia di Sant' Ántimo*. Die romanische Abtei wurde im Jahre 781 von Karl dem Großen gegründet und einen Besuch sollten Sie sich auf keinen Fall entgehen lassen.

Nachdem Sie die Bahnschienen und die Órcia überquert haben, führt die restliche Strecke überwiegend bergauf. Nach *S. Ántimo* sind etwa 150 Höhenmeter zu überwinden und danach noch einmal etwa 200 Höhenmeter. Doch dann haben Sie *Montalcino* erreicht, die Stadt des berühmten Brunelloweins. Auf 576 Meter Höhe überragt der Ort mit seiner imposanten Festung aus dem 14. Jahrhundert die gesamte Umgebung.

Hier können Sie in Privatquartieren und Hotels übernachten, um dann in aller Ruhe die Stadt zu erkunden und dem Treiben in engen Gassen zuzuschauen. Jedoch muß darauf hingewiesen werden, daß Montalcino ein bekannter Touristenort ist, was sich auch im hohen Preisniveau widerspiegelt!

Informationen zu Montalcino finden Sie im Kapitel Siena.

Städte • Sehenswürdigkeiten • Informationen

Abbadia San Salvatore

Die Abtei des Heiligen Salvatore wurde 750 von dem Langobarden Erfo gegründet. Sie hatte die Rechtssprechung über den östlichen Teil des Monte Amiatas und die Via Francigena, die Nordeuropa mit Rom verband. Den Höhepunkt ihrer Macht erreichte die Abtei im 11. Jahrhundert unter Abt Winizo. Doch dann machte ihr die Familie Aldobrandeschi die Zentren des Órciatals, Radicófani, die Anhöhen von Castell' Azzara und viele andere Orte des Monte Amiata streitig. 1299 verlor die Abtei unter den Zisterziensern ihre weltliche Macht, und 1782 löste sie der Großherzog der Toskana schließlich auf. Erst im Jahre 1939 wurde sie an die Mönche zurückgegeben.

Sehenswert ist das Innere der Abtei. Das Kirchenschiff wurde 1035 von Winizo geweiht, seine romanischen Formen werden durch ein großes Kruzifix aus dem 12. Jahrhundert und eine Freskenmalerei aus dem Jahre 1694 von F. Nasini unterbrochen. Wunderschön ist die noch vor der Kirche erbaute Krypta. In ihr finden Sie ein griechisches Kreuz, und jede der 36 Säulen trägt ein anders verziertes Kapitell.

Neben der Abtei liegt der älteste Teil des Ortes. Bei einem Spaziergang durch die alten Gassen fühlt man sich in das Mittelalter zurückversetzt. Durch alte Stadttore und vorbei an interessant verzierten Hauseingängen stoßen Sie nach Süden hin auf die Burganlage. Drei Straßen führen hindurch, an denen Kirchen und Paläste zu bewundern sind.

Museum

Das ehemalige Bergwerk vor den Toren des Wohnviertels, welches von 1897 bis in die siebziger Jahre in Betrieb war, wird als Museum eingerichtet.

Historische Bauten

Klosterkirche (11. Jh.)

Innerhalb der Burg

- Chiesa Santa Croce (von 1221, wiedererrichtet im 19. Jh.)
- Chiesa S. Angelo (1313, heute Privatbesitz)
- Palazzo del Podestá (Justizpalast)
- Palazzo del Popolo

Außerhalb des ersten Mauerrings

Kirche San Leonardo (1200)

Über den Dächern von Rocchette de Fazio

Außerhalb des ältesten Stadtteils

- Chiesa Madonna dei Remedi (18. Jh.)
- Chiesa Madonna del Castagno (16. Jh.)

Arcidosso

Der Ort liegt eingebettet zwischen Buchen- und Kastanienwäldern auf einem kleinen Hügel unterhalb des mächtigen Vulkans. Den antiken Teil Arcidossos betritt man noch heute durch das Tor im mittelalterlichen Turm. Das Wappen der Medici über dem Eingang weist auf seine Geschichte hin, denn nachdem Sie das Eingangstor durchschritten haben, erreichen Sie die Burg der Aldobrandeschi, die 1331 von den Sienesen besetzt wurde und 1559 an die Familie der Medici ging. Arcidosso gilt als einer der schönsten Orte des Amiata, und ein Bummel durch die engen, mittelalterlichen Gassen ist ein besonderes Erlebnis, denn immer kleiner werden die Kreise um den Hügel herum, bis man den Kern des Ortes, die Burg, erreicht.

Historische Bauten

- Chiesa Madonna delle Grazie
- Brunnen aus Trachytstein (neben der Kirche Madonna delle Grazie)
- Chiesa Sant' Andrea (1118)

- Neugotischer Brunnen aus Guß (hergestellt von den Gießereien des Großherzogs in Follónica)
- Chiesa S. Niccoló (mittelalterlich, 1934 im neuromanischen Stil wieder instandgesetzt)
- Chiesa San Leonardo (1188, renoviert im 16. Jh.)

Castel del Piano

Dieser Ort ist berühmt für seine Kontraste. Dem mittelalterlichen Stadtteil mit seinen kleinen, engen Gassen stehen weite Plätze, Baumalleen und gepflegte Parks aus dem 20. Jahrhundert gegenüber.

Bereits 890 gehörte Castel del Piano der Abtei des heiligen Salvatore und blieb etwa 300 Jahre in ihrem Besitz. Danach übernahm die Familie Aldobrandeschi die Stadt, die 1332 an Siena überging. Mit dem gesamten sienesischen Gebiet geriet sie 1559 unter die Herrschaft der Medici.

Hier war die Heimat der Familie Nasini, deren Gemälde in vielen Weilern des Monte Amiata zu finden sind. Überwiegend in Kirchen werden Sie immer wieder auf ihre Spuren treffen.

Historische Bauten
- Platz der Madonna: Barockkirche der »Opera« (erst 1870 vollendet)
- Chiesa Madonna delle Grazie
- Torre dell' Orologio
- Piazzetta degli Ortaggi

Pfarrgemeinde San Leonardo
- Chiesa Piccina
- Großer Platz: Piazza Garibaldi, Piazza Tonda oder auch Piazza delle Storte genannt (sehenswert ist der Brunnen, und am 8. September jeden Jahres findet hier ein Paliorennen statt.)

Castell' Azzara

Castell' Azzara liegt im südöstlichen Teil des Monte Amiata. Der Ortsname geht auf eine alte Geschichte zurück, als Bonifacio degli Aldobrandeschi den kleinen Weiler beim Würfeln (»a zara«) gewann. Im »Fegefeuer« erinnert Dante an diese Episode.

Bereits um das Jahr 1.000 v. Chr. kamen die Umbrier in diese Gegend, gefolgt von den Etruskern von Sovana, die hier Zinnober gewannen. Beide Festungen, die der Verteidigung des Monte Civitella dienten, wurden von der Familie Aldobrandeschi erbaut.

Im mittelalterlichen Kern vom Castell' Azzara mit seinen steilen, engen Gassen sollten Sie sich die Kirche *San Nicola* ansehen. In ihrem Inneren finden Sie u. a. zahlreiche Malereien aus dem 16. und 17. Jahrhundert.

Castiglione d' Órcia

Der malerische Ort liegt auf einem Hügel, von dem aus Sie einen grandiosen Panoramablick auf den Amiata genießen können. Im Besitz der Familie Aldobrandeschi fand er schon 714 Erwähnung. 1252 wurde er frei, ehe ihn im 14. Jahrhundert die Sienesen besetzten.

Wunderschön ist der Platz *Il Vecchietta*, welcher im Zentrum des mittelalterlichen Ortes liegt. Er wurde dem Maler, Bildhauer und Architekten Lorenzo di Pietro (1412 - 1480) gewidmet. In der Mitte steht ein Brunnen aus Travertin von 1618. Gegenüber können Sie das Gemeindegebäude mit seiner Freskenmalerei der Sienesischen Schule bewundern. Nach einem kurzen Anstieg erreichen Sie die Reste der Burg der Aldobrandeschi, die über Castiglione d' Órcia aufragen. An der höchsten Stelle wurde ein Park angelegt, von dem Sie einen schönen Blick Richtung Castiglione, zum Monte Amiata und zur *Burg von Tentennano,* oberhalb von Rocca d' Órcia haben. Diese mächtige Festung ist von hier bequem zu Fuß zu erreichen. Eindrucksvoll liegt sie, umgeben von Zypressen, vor Ihnen.

Auch die Festung von Tentennano kann auf eine lange und wechselvolle Geschichte zurückblicken. Im 9. Jahrhundert wurde sie von der Abtei S. Salvatore belagert und 1100 ging sie an die Familie Tignosi über, welche Lehensmänner der Aldobrandeschi waren. 1251 wurde sie an Siena abgetreten, ehe sie 20 Jahre später an die Familie Salimbeni überging. Nachdem Siena einen neuen Turm erbauen ließ, der den alten ersetzte, verlieh die Familie Salimbeni der Festung schließlich ihr heutiges Aussehen. 1419 endete der Krieg der Familie gegen die Stadtgemeinde von Siena mit der Kapitulation von Cocco Salimbeni und seinen Anhängern. Seit 1975 wurde die Festung restauriert und ist heute an Samstagen und Feiertagen, im Sommer täglich, geöffnet. Von ihr haben Sie einen grandiosen Blick hinunter auf das Dorf *Rocca d' Órcia,* das auf einem Felsen direkt über dem Abgrund hängt, sowie hinein in das wilde *Órciatal,* welches zu Wanderungen einlädt.

Piancastagnáio

Auf einer Ebene hoch über dem *Pagliatal* liegt Piancastagnáio. Verschanzt hinter mächtigen, mittelalterlichen Mauern und Trachytfelsen ragt schon von weitem die Burg der Aldobrandeschi empor. Die Besichtigung der

Festung aus dem 12. Jahrhundert, mit dunklen Lavasteinmauern und ihren Zinnen, darf bei einem Bummel durch den Ort auf keinen Fall fehlen.

Durch den unterhalb liegenden Park mit seinen jahrhundertealten Kastanien erreichen Sie schließlich den mittelalterlichen Ortskern. Beim Schlendern durch die alten Gassen können Sie immer wieder einen Blick hinunter in das Pagliatal und auf die kleinen Elektrizitätswerke erhaschen, die das reiche Schwefelvorkommen am Amiata nutzen.

Historische Bauten

- Pieve di Santa Maria Assunta (Sie erreichen die Pfarrkirche im Zentrum der Stadt über eine Treppe mit Säulenbalken von 1617)
- Antiker Stadtplatz
- Gebäude des Stadtvogts und der Gemeinde (14. Jh.)
- Säule der Gerechtigkeit mit Wappen der Republik Siena
- Palazzo Bourbon del Monte (Residenz der Lehensherren von 1601 bis Ende 18. Jh. / Barock)

Radicófani

Dieser Ort des Amiata liegt etwas abseits der beschriebenen Route, soll hier jedoch wegen seiner großen Bedeutung über Jahrhunderte hinweg erwähnt werden. Radicófani liegt an der ehemaligen *Frankenstraße*, eine der »Römischen Straßen« des Mittelalters. Auf ihr pilgerten Menschen aus ganz Nordeuropa nach Rom. Sie verlief über die Alpen, durch Parma, über den Appenin bis nach Lucca, von dort via Florenz und Siena östlich am Amiata entlang nach Radicófani, am Bolsenasee vorbei bis nach Rom.

Radicófani kontrollierte das Grenzgebiet zwischen Lazium, Umbrien und der Toskana und somit die Mächte Siena, Grosseto, Perugia, Orvieto und Viterbo. Seine Lage machte Radicófani somit jahrhundertelang zu einer der wichtigsten befestigten Städte ganz Italiens.

Der viereckige Wachturm der Burg überragt noch heute den mittelalterlichen Ort und ist schon von weitem zu sehen. Fast 900 Meter über dem Meer thront er mit seinem charakteristischen Äußeren auf einem markanten Hügel über dem Págliatal. Von oben haben Sie einen überwältigenden Blick in die Umgebung, nach Südosten zum Bolsenasee, nach Westen in das Págliatal und zum Monte Amiata. An klaren Tagen können Sie sogar die einzelnen Gebirgszüge des Zentralapennins im Norden erkennen.

Auch der antike Ort hat viel Sehenswertes zu bieten und für einen Rundgang sollten Sie sich unbedingt Zeit nehmen. In einigen der Kirchen finden Sie herrliche robbianische Terrakottaarbeiten.

Historische Bauten

- Romanische Kirche von San Pietro (13. Jh., im letzten Krieg stark beschädigt, wurde 1946 wieder restauriert / das Innere ist unbedingt einen Besuch wert / hinter der Kirche liegt ein Platz mit Panorama-Aussicht)
- Chiesa S. Agata
- Palazzo Pretorio (Palast des Amtsrichters / antike Steinwappen auf der Fassade / heute Schule)
- An der alten Cassiastraße: Schöne Medicivilla (ehemals Jagdhaus von Ferdinando I., später Hotel, heute Postamt)
- Gegenüber vom Postamt: Herrlicher antiker Steinbrunnen mit großem Mediciwappen

Roccalbegna

Während der Monte Amiata aus Lavagestein besteht, ist der *Monte Labbro* aus Kalkstein. Einer dieser Kalksteinfelsen ragt über die mittelalterliche Ortschaft Roccalbegna empor. Auf diesem markanten Felsen sind die Reste des Wachturms der ehemaligen Burg *La Pietra* zu finden.

Parco Faunistico – Monte Labbro

In den Mauern und Türmen des Ortes nisten Raubvögel. Kirchen, Festungen und enge, gewundene Gassen verleihen Roccalbegna eine ganz eigene Atmosphäre. Nachdem der Weiler eine lange Zeit im Besitz der Familie Aldobrandeschi war, ging er schließlich im 13. Jahrhundert an Siena über.

Einen Bummel durch diese einmalig schöngelegene Ortschaft sollten Sie sich nicht entgehen lassen. Immer wieder stoßen Sie auf die alte Stadtmauer und haben neue, wundervolle Ausblicke in das schroffe und herrlich grüne Flußtal. In dieser wilden Landschaft sind Erdrutsche keine Seltenheit und so hat auch die Kirche Peter und Paul auf dem Hauptplatz ihr ganz eigenes, schiefes Aussehen erhalten. Bei einem Erdrutsch stürzte der Tragebalken des Portals ein.

Museum (Oberhalb des Ortes)
Oratorium des Kruzifixes (Gründer: Francesco Nasini und Sebastiano Folli)

Historische Bauten
- Kirche Peter und Paul (Freskenmalereien und wertvolle Gemälde; das bedeutenste Werk ist ein Altarflügel, Madonna mit Kind, von Ambrogio Lorenzetti, 1340)
- Gemeindegebäude
- Stadtturm mit Glockenturm
- Kirche der Madonna (Freskenmalereien aus dem 15. Jh.)

Rocchette di Fazio
Ein kleines Schmuckstück des maremmanischen Amiata ist Rocchette di Fazio, welches Sie auf einer kleinen, kurvenreichen Strecke von Semproniano aus erreichen. Die mächtigen Kalkmauern, auf denen die Reste der Festung der Aldobrandeschi liegen, ragen hoch über dem Albegnatal auf, welches hier besonders eng wird. Von dort oben haben Sie den Ausblick auf den kleinen antiken Weiler und hinein in das wilde Albegnatal, hinauf bis zur Quelle des Flusses oberhalb von Roccalbegna, und hinunter Richtung Monte Argentário.

Das ehemalige Krankenhaus von San Bartolomeo, welches 1330 gegründet wurde, das Tor der Festung und den Palazzo Pretorio sollten Sie sich bei ihrem Rundgang unbedingt ansehen.

Santa Fiora
Dieser antike Weiler, oben auf einem Trachytfelsen gelegen, ist der besterhaltenste des Monte Amiata. Hier entspringt in einem Park die Fiora, deren

klare Wasser sich in einem wunderschönen Fischweiher sammeln. Nur hier ist die Fiora so rein zu sehen, denn danach fließt sie in einen der bedeutendsten Kanäle der Maremma. Die Mauern mit der großen Delphinstatue, die den Weiher umfassen, sind von 1851.

Historische Bauten
- Palazzo del Conte mit Bogengang
- Kirche des Suffragio (1716 - 1726)
- Pfarrkirche der Santa Fiora und Lucilla (aus dem Jahr 1.000, im 13. Jh. erneut aufgebaut / im Inneren eine Sammlung von Terrakotta-Arbeiten des Andrea della Robbia)
- Chiesa Sant' Agostino (1309)
- Torbogen (1473, neben der Kirche von Sant' Agostino)
- Kapuzinerkloster (1601 - 1991)
- Chiesa della Neve (reich an Freskenmalereien)

Seggiano

Seggiano ist mit seinen 491 Höhenmetern der tiefstliegende Weiler des Amiatakegels. Hier wachsen herrliche Olivenbäume, und noch bevor Sie den Ort von Castel del Piano kommend erreichen, liegt inmitten eines Olivenhains ein einzigartiger Gebäudekomplex des 16. Jahrhundert vor Ihnen. Zwischen den silbernen Blättern schaut eine rote Backsteinkuppe mit vier Kappen hervor, die zum Heiligtum der Madonna der Barmherzigkeit gehört. Das Gebäude wurde nach einer furchtbaren Hungersnot erbaut. Baubeginn war bereits 1588, die Fertigstellung wahrscheinlich erst im Jahre 1603. Während die Fassade noch vollständig erhalten ist, wurden die wertvollsten Kunstwerke aus dem Inneren des Heiligtums leider gestohlen.

Nicht weit vom Heiligtum der Madonna entfernt treffen Sie auf die kleine Kirche von *San Rocco,* die 1486 als Weihgabe errichtet wurde. In ihrem Innern sind interessante Freskenmalereien zu bewundern, die zum Teil von Soldaten aus früheren Zeiten zerstört wurden. Dieser Vandalismus bekam inzwischen selbst historischen Wert.

Bei Ihrem Gang durch die Gassen Seggianos kommen Sie u. a. auch an folgenden Gebäuden vorbei:

Historische Bauten
- Pfarrkirche des Hl. Bartolomäus (mittelalterlich, um 1930 restauriert)
- Gemeindegebäude (neugotischer Stil)

Blick von der Rocca (Burg) auf Roccalbegna

- Kirche des Corpus Domini (zahlreiche Leinwände der sienesischen Schule, 14. - 18. Jh.)

Semproniano

Der südlichste Ort des Amiata ist Semproniano. Das »Tor zum Vulkan« windet sich eng um die wenigen Reste einer Festung der Aldobrandeschi. In Semproniano finden Sie jedoch auch andere Sehenswürdigkeiten. Steile enge Gassen aus altem Pflaster und Treppen, zerfallene Gebäude, schmale Häuser und eine angenehme Ruhe zeichnen diesen Ort aus.

Historische Bauten

- Romanische Kirche des Heiligen Kreuzes
- Oratorium von San Rocco
- Pfarrkirche der Heiligen Vincenzo und Anastasio (Leinwände des 17. Jh., Weihwasserbecken in Form einer Hand)

Naturparks und Schutzgebiete

Parco Faunistico Monte Labbro

Der Naturpark ist 120 Quadratkilometer groß, soll auf 180 erweitert werden und damit auch den Gipfel des Monte Labbro einschließen. Er bietet vielen gefährdeten Tier- und Pflanzenarten Schutz. So können Mufflons (Wildschafe), Hirsche und Steinböcke beim Äsen beobachtet werden und mit etwas Glück lassen sich auch die Wölfe einmal blicken. Am Himmel kreisen Adler und Geier und auf den Wiesen sind ganze Teppiche von wilden gelben und blauen Stiefmütterchen zu bewundern. Auch andere seltene Pflanzenarten sind am Rand des Wanderpfades zu entdecken. Einige im Gebiet des Monte Labbro sind einmalig und es lohnt sich, auf der Wanderung einen Pflanzenführer dabeizuhaben.

Eine besondere Attraktion ist der *Arsinello.* Hierbei handelt es sich um eine Eselrasse, die vor etwa 4.000 Jahren aus Ägypten eingeführt wurde und die es heute nur noch am Monte Labbro zu sehen gibt. Wir empfehlen, sich für den Besuch des Parks einen ganzen Tag Zeit zu nehmen und das Fahrrad einmal stehen zu lassen. Die Wanderung ist ein echtes Erlebnis. Montag ist Ruhetag!

Bagni San Filippo

Wer es sich vor der Weiterfahrt von Castel del Piano noch einmal richtig gutgehen lassen möchte, dem empfehlen wir einen Ausflug von Arcidosso mit dem Bus nach Bagni *San Filippo.* Im Nordosten des Amiata entspringen Quellen mit einer Temperatur zwischen 25°C und 52°C. Die heißen Wasser laden nicht nur zum Baden ein, sondern machen auch ein großartiges Naturschauspiel möglich. Unter dem berühmten »Weißen Graben« sind Kalkablagerungen zu verstehen, die u.a. wie ein erstarrter Wasserfall aussehen und in ihrem leuchtenden Weiß zu den dunkelgrünen Blättern der Buchen und dem azurblauen Himmel einen wunderschönen Kontrast bilden. Leider ist 1996 ein großes Stück des »Wasserfalls« weggebrochen, doch ist er immer noch imposant und prächtig anzuschauen. Unterhalb dieses Schauspiels laden zwei natürliche Wannen, eine mit kaltem und eine mit warmem Wasser, zu einem Bad ein.

Wer sich lieber verwöhnen lassen und hygienisch sicher fühlen möchte, der ist in den Bädern von San Filippo ein gern gesehener Gast.

Kulinarische Spezialitäten

Die Menschen am Monte Amiata waren schon immer eng mit der Natur verbunden, und die Küche bietet vor allen Dingen das, was in der Umgebung typischerweise zu finden ist. Aus dem Wald stammen viele Leckereien, von den Eßkastanien, Himbeeren, Pilzen bis hin zu wildem Spargel und Knoblauch. Viele Gerichte werden mit Wildschwein oder anderem Wild zubereitet.

Agriturismo – Urlaub auf dem Bauernhof

Idyllisches Wohnen in Castello

Capuccino-Genuß in San Gimignano

Beim Postkartenkauf in Florenz

Im Hafen von Porto S. Stéfano

Vormittags in Castagneto Carducci

Rochette de Fazio über dem wilden Albegnatal

Im Tal der Órcia

Die Brotsuppe oder eine der üppigen Gemüsesuppen, wie Nudeln mit weißen Bohnen oder mit Kichererbsen, *Aquacotta* oder die schmackhafte Zwiebelsuppe sollten Sie unbedingt probieren. Typisch für die Region, jedoch heute nur noch selten zu finden, ist die Polenta mit Kastanien, die Sie sich auf jeden Fall einmal zubereiten lassen sollten. Geröstetes Brot mit Kohl, Pilzsuppe und Fleisch ergibt weitere leckere Vorspeisen.

Als Hauptgang bieten sich Pinci-Nudeln (auch *lunghetti*), Tortelli mit Quark und Spinat, je nach Jahreszeit mit verschiedenen Soßen, oder ein herrlicher Fleischtopf an. Als Nachtisch sollten Sie auf jeden Fall den *castagnaccio* probieren, einen Kuchen mit Kastanien. Alle Kuchensorten der Region sind üblicherweise mit Marmelade und Waldfrüchten gefüllt.

Dank der hervorragenden Lage des Amiata im Grenzgebiet der bekanntesten Weinsorten, können Sie sich zwischen den berühmtesten der italienischen Weine entscheiden. Sei es Weißwein aus *Pitigliano,* der berühmte rubin- bis granatrote *Brunello* aus Montalcino, der *Nobile* aus Montepulciano oder der *Morellino* von Scansano, einer von Ihnen gehört zu einem guten und herzhaften Essen immer dazu.

Wer die mittelalterliche Küche der Region auf besondere Weise genießen möchte, dem empfehlen wir die *Osteria del Vecchio Castello* in *Triana.* Sie ist wahrscheinlich das kleinste Restaurant ganz Italiens, mit ihren fünf Tischen für achtzehn Gedecke. Und nicht nur die Gerichte sind mittelalterlich, sondern auch die Räumlichkeiten sind original eingerichtet. Jedes Gericht hat seine Geschichte, die Susanna Fumi und Alfredo Sibaldi gerne erläutern. Eine gute Weinkarte rundet das Angebot ab.

Schon wegen der »Größe« der Osteria sollten Sie auf jeden Fall vorbestellen (hier wird Englisch gesprochen)! Osteria del Vecchio Castello, Via della Chiesa 2, Loc. Triana, I-58050 Roccalbegna, Tel./Fax 0564 / 98 91 92.

Verkehrsmittel

Bus

- RAMA – Arcidosso 0564 / 96 64 33
- BARGAGLI – Piancastagnaio 0577 / 78 62 33

Eisenbahn + Fahrrad

FS – Chiusi 0578 / 208 28 od. 200 74

Übernachtungsmöglichkeiten

Jedes Jahr gibt das Fremdenverkehrsamt Monte Amiata ein neues Übernachtungsverzeichnis heraus, worin auch die jeweiligen Preise enthalten sind. Häufig lohnt es sich, in einem kleinen, unbekannteren Ort zu bleiben und die Besichtigung einer berühmten Stätte von dort aus beziehungsweise auf der Weiterreise zu unternehmen. Fast jeder Weiler der Region Monte Amiata bietet auch eine Übernachtungsmöglichkeit!

Camping / Ferien auf dem Bauernhof
Der einzige Campingplatz der Region Monte Amiata liegt in Castel del Piano: *Camping / Residence Amiata,* Via Roma 15, 58033 Castel del Piano (GR).

Der Platz bietet nicht nur Campingmöglichkeiten, hier können auch Zwei- und Dreizimmerappartements in Einfamilienhäusern oder Etagenwohnungen angemietet werden, ausgestattet mit Küche und Bad und teilweise mit Balkon.

Castell' Azzara
Il Cornacchino, Loc. Cornacchino, 58034 Castell' Azzara (GR), Tel. (39) 0564/ 951 582, Fax. 951 655.
Von Castell' Azzara folgt man etwa drei Kilometer der Ausschilderung nach Il Cornacchino. Cornacchino ist ein kleiner Weiler von sechs Häusern und liegt inmitten von Pferdeweiden, Wäldern und einer Hirschzucht. Wer ein Zimmer mieten möchte oder auch sein Zelt aufstellen, der ist willkommen. Auch Reiterferien sind hier möglich, stundenweise bis hin zu Trails von einer Woche. Auf den Tisch kommen traditionelle Gerichte aus der Region. Es wird neben Italienisch auch Deutsch und Englisch gesprochen.

Jugendherbergen/Ostelli
Jugendherbergen sind in der Region Monte Amiata nicht vorhanden!

Allgemeine Informationen über die Region Monte Amiata:
A.P.T. / Azienda di Promozione Turistica dell' Amiata
Via Mentana 97
I-53021 Abbadia San Salvatore
Tel. 0039 / 577 / 778 608, Fax 779 013

Provinz Siena

Die Provinz Siena ist reich an Natur und Kultur. Zu den bekanntesten Landschaften gehört die *Crete,* eine Region der Toskana, in der die Menschen seit Jahrhunderten den Wald abgeholzt haben, wo heute Lehm- und Sandablagerungen, Weizenanbau und Weideland die Landschaft prägen. Dazwischen weisen Zypressen auf Straßen und Landhäuser hin.

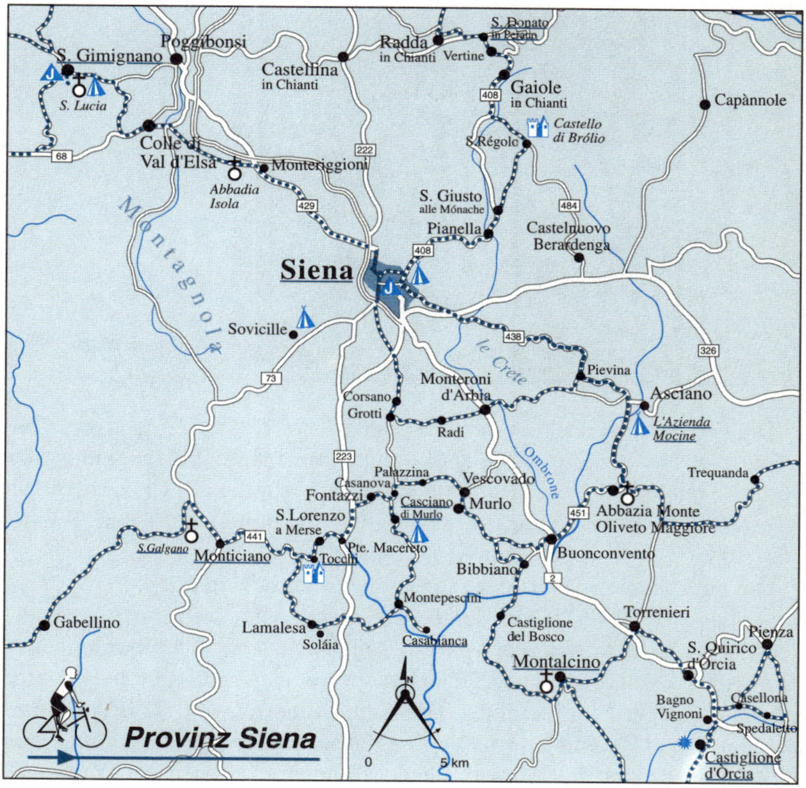

Rathausturm von Pienza

Die berühmteste Region der Toskana ist das *Chianti.* Ein großer Teil gehört zur Provinz Siena. Die antike Liga des Chianti, die die Kommunen Radda, Gaiole und Castellina umfaßt, ist der Ursprung des Chianti-Anbaugebiets. Erst später wurde das Chianti-Gebiet ausgedehnt (siehe Kapitel Florenz).

Die unbekannten Seiten der sienesischen Landschaft, das sind der *Montagnola* sowie der Flußlauf der *Farma-Merse.* Hier steht noch einer der letzten Urwälder Mitteleuropas. Hügel und Berge, von undurchdringlichem Wald überzogen, in dem die Steineiche bestimmend ist, beherbergen eine noch weitgehend unversehrte Tier- und Pflanzenwelt. Wildschweine, Fischotter und Bergmolch sind hier zu Hause, und über den Hügeln kreisen eine Vielzahl von Raubvögeln. Seltene Baumarten stehen am Weg, auch die immergrünen Korkeichen, deren Rinden frisch für die nächsten Weinflaschen geerntet werden.

Große Bezirke stehen in der Provinz Siena unter Naturschutz. Dazu gehören die *Waldschutzgebiete Tocchi, Palazzo* und *Cornacchia.* Viele Wege und Pfade stehen nur Fuß- und Radwanderern sowie Reitern zur Verfügung. In den wilden Bächen und Flüssen springt kristallklares Wasser von Stein zu Stein. Wer Ruhe und Erholung in einer einzigartigen, ursprünglichen Landschaft sucht, der ist hier richtig.

Im Rahmen des Programms »Bahn-Natur« gibt es eine größere Auswahl an Zügen, mit denen man mit seinem Fahrrad in die Waldschutzgebiete gelangen kann.

Auch die Provinz Siena kann auf eine lange Geschichte zurückblicken. Durch sie führen die berühmten Pilgerstraßen *Via Cassia* und die langobardische *Via Francigena.* Auf ihnen trafen sich Pilger und Wanderer aus Nordeuropa auf ihrem Weg nach Rom. Dieses alte Straßennetz verbindet noch heute die mittelalterlichen Orte, und häufig radeln auch wir auf solch geschichtsträchtigen Straßen. Dabei trifft man auf Nekropolen der Etrusker, Burgen und Klosteranlagen des Mittelalters sowie Paläste und Kunstschätze der Renaissance.

Tour 1a: Rundtour Castiglione d'Órcia

Castiglione d'Órcia – Bagno Vignoni – Pienza – Casellona – Castiglione d'Órcia (40 km)

Von Castiglione d'Órcia sausen Sie die Hauptstraße hinunter bis zur SS 2. Auf ihr biegen Sie links ab und überqueren nach kurzer Zeit die Órcia. Danach führt eine kleine Straße links hinauf nach *Bagno Vignoni.* Einen Besuch des kleinen mittelalterlichen Bades, das durch seine 36 Wasseradern, die aus einer Tiefe von über 1.000 Metern hervorsprudeln, Berühmtheit erlangte, sollten Sie sich nicht entgehen lassen. Die aufsteigenden Wasser sind mitten im Ort in einem Bassin zu sehen. Der Blick über das antike Bad mit seinem schönen Badehaus reicht über das Órciatal bis hin zur Rocca d'Órcia.

Am Abhang können Sie ihre Füße in den »Abwassern« des modernen Thermalbads baden. Viele überwiegend ältere Italiener und Italienerinnen

Gesundes Thermalwasser von Bagno Vignoni

kommen regelmäßig hierher, um kostenfrei ihre Gelenke und Knochen zu behandeln. Über dem Órciatal läuft das kostbare Naß schließlich den Felsen hinunter und bildet einen natürlichen kleinen See. Wer sich das herrlich warme Wasser so richtig über den Rücken laufen lassen will, der sollte kurz vor Bagno Vignoni links den Schotterweg hinunter zur Órcia radeln. So kommen Sie automatisch an dem kleinen Wasserfall vorbei. Wenn Sie weiter am Fluß entlanglaufen, können Sie eine wunderschöne Wanderung durch das *Órciatal* unternehmen.

Von Bagno Vignoni fahren Sie wieder zurück auf die SS 2, folgen ihr noch ein Stück in Richtung Siena, um dann in die nächste Straße rechts Richtung *Pienza/Monticchiello* abzubiegen. Sie folgen dieser immer an der Órcia entlang. Auf der rechten Seite taucht das Schloß von *Spedaletta* auf. Die nächste Straße biegen Sie links ab, und nun windet sich der Weg hinauf zu der alten Stadt von Papst Pius II.

Pienza liegt auf einem fast 500 Meter hohen Hügel und sollte nach Papst Pius II., der hier geboren wurde, ein Musterstädtchen der Renaissance werden. Nach Plänen des Architekten Bernardo Rossellino entstand der *Piazza Pio II.,* der trapezförmig angelegt wurde. Durch den Tod von Architekt und Papst 1464 wurde nur ein Teil des Bauvorhabens vollendet.

Nach einem gemütlichen Rundgang durch die mittelalterlichen Gassen und einem guten Cappuccino geht es in einer rasanten Abfahrt wieder hinunter Richtung *Monticchello/Bagno Vignoni.* Nach der zweiten Serpentine biegen Sie rechts ab auf den unbefestigten Weg. Diese Strecke ist zwar nicht so komfortabel wie die Hauptstraße, dafür aber deutlich verkehrsärmer, und zusätzlich verspricht sie tolle Ausblicke zurück nach Pienza und hinein in die seichten Hügel des Órciatals. Sie folgen diesem Weg, bis Sie bei *Casellona* wieder die Asphaltstraße erreichen, die Sie zur SS 2 führt. Dort biegen Sie links ab und radeln zurück nach Castiglione d'Órcia.

Tour 2: Castiglione d'Órcia – Montalcino

Castiglione d'Órcia – S. Quirico d'Órcia – Torrenieri – Montalcino (25 km)

Sie verlassen Castiglione d'Órcia auf der Hauptstraße und nehmen die rasante Abfahrt zur SS 2. Auf ihr biegen Sie links ab Richtung Siena, überqueren die Órcia und radeln die Anhöhe hinauf. Oben angekommen nehmen Sie nach der Tankstelle links die Steigung nach *S. Quirico d'Órcia.* Nach einem kräftigen Anstieg erreichen Sie die gut erhaltene Stadtmauer und nachdem Sie das Stadttor durchfahren haben, kommen Sie in die mittelalterliche Altstadt.

Viele antike Bauten laden zu Besichtigungen ein und der Ort strahlt eine herrlich italienische Atmosphäre aus. Im Gegensatz zu Pienza sind hier nur wenige Touristen anzutreffen. Auf dem Hauptplatz laden gemütliche Cafés zum Verweilen ein, und neben dem großen Stadttor befindet sich der Eingang zu einem ganz besonderen Park. Die *Leonini-Gärten* sind typische Gärten aus dem Italien des 16. Jahrhunderts.

Radeln Sie durch den Ort hindurch und biegen Sie dann rechts ab. Durch ein weiteres Stadttor kommen Sie wieder zur SS 2, die Sie überqueren. Sie radeln auf der fast autofreien SP 14 Richtung *Torrenieri.* Ein kurzes Stück fällt die Straße ab, um dann in Serpentinen auf die nächste Anhöhe zu führen. Von hier oben haben Sie einen herrlichen Ausblick über das Assotal hinüber nach Montalcino, dem Etappenziel.

Langsam führt die Straße hinunter bis nach *Torrinieri.* Im Ort überfahren Sie die Eisenbahnschienen und biegen dann scharf links ab Richtung *Montalcino.* Unter der SS 2 hindurch, dann folgen Sie dieser ein kurzes Stück

Richtung Roma. Hinter der Tankstelle nehmen Sie die nächste Abfahrt rechts hinauf nach Montalcino. Nun heißt es tief Luftholen und dann immer schön gleichmäßig den Hügel erklimmen. 300 Höhenmeter überwinden Sie, während sich die Straße zwischen Weinbergen und alten Gehöften den Hang hinaufschlängelt. Ständig wechselnde Ausblicke und Landschaften entschädigen für die leider ziemlich verkehrsreiche Strecke. Ein Touristenbus jagt den nächsten, und auch die Camper treibt es den Hügel hinauf.

Montalcino ist wunderschön an den Hang geklebt. Steile Treppen und enge Gassen laden zu einem Rundgang ein. Festung und Stadt sollten Sie jedoch möglichst erst später am Tag besichtigen, dann, wenn die meisten Touristenbusse schon wieder die Rückreise angetreten haben.

Tour 3: Montalcino – Casabianca

Montalcino – Castiglione del Bosco – Bibbiano – Murlo – Casciano di Murlo – Montepescini – Casabianca (47 km)

Diese Strecke führt auf einsamen Wegen weit ab vom Touristenstrom, durch herrliche Wälder, an alten Landhäusern und Ruinen vorbei, auf und ab durch eine wunderschöne, wilde Hügelwelt.

Sie verlassen Montalcino auf der SP 14 Richtung *Grosseto* und nach etwa drei Kilometern biegen Sie rechts ab und folgen der Ausschilderung nach *Castiglione del Bosco.* Auf der Hügelkette entlang geht es durch ein großes Waldgebiet, und immer wieder haben Sie die Möglichkeit rechts zurück nach Montalcino zu blicken, das mächtig über dem Ombronetal aufragt. Dabei bleiben Sie immer auf der Hauptroute Richtung *Buonconvento.*

Nachdem es anfangs ordentlich auf und ab geht, führt die unbefestigte Straße nun steil hinunter, am *Castiglione del Bosco* vorbei bis zu einem der größten Flüsse der Toskana, dem *Ombrone.* Sie überqueren die Brücke, und dann geht es auf der anderen Seite, auf einem unbefestigten Weg, wieder steil hinauf.

Nach etwa 19 Kilometern erreichen Sie *Bibbiano* und somit wieder eine asphaltierte Straße. In Bibbiano fahren Sie links bis zu der großen Kreuzung. Hier folgen Sie geradeaus Richtung *Murlo/Castelnuovo Tancredi.* Das alte Schloß lassen Sie rechts liegen, rollen ein Stückchen bergab, um

Leonini-Gärten in San Quírico d' Orcia

dann auf den nächsten Hügel nach Murlo hinaufzuradeln. In dem antiken Ortsteil von *Murlo,* der linker Hand auftaucht, ist ein bekanntes Etruskermuseum untergebracht.

Sie bleiben auf der Hauptstraße bis Sie eine Querstraße erreichen. Hier biegen Sie links ab Richtung *Casciano di Murlo*. Die Straße führt Sie direkt hinein in eine Märchenlandschaft. Durch dicht bewaldete Hügel schlängelt sich der Weg hinauf. Sie überqueren wilde Flüsse und kommen vorbei an alten Ruinen.

i In dem kleinen Weiler Palazzina werden Zimmer vermietet, und ein Swimmingpool lädt zu einer angenehmen Abkühlung ein.

Weiter geht die Fahrt hinauf, bis Sie schließlich die Paßhöhe von 512 Meter erreichen. Nun können Sie sich beim Bergabrollen wieder etwas erholen. An der Abzweigung folgen Sie der Ausschilderung *Camping/Grosseto* nach links. Bei der nächsten Abzweigung fahren Sie geradeaus Richtung Campingplatz. Um zum Campingplatz zu gelangen, fahren Sie nicht nach Casciano di Murlo hinein, sondern links am Ort entlang Richtung *Camping/Montepescini/Casabianca.* Oben angekommen haben Sie linker Hand einen der schönsten Campingplätze der Toskana vor sich liegen. Terrassenförmig angelegt, haben Sie von jeder Stelle einen atemberaubenden Ausblick in die bewaldeten Höhen der Umgebung. Ein Swimmingpool lädt zum Faulenzen ein und im Restaurant wird für das leibliche Wohl gesorgt. Zu Fuß in den Ort sind es etwa fünf Minuten und hier können Sie sich in kleinen, urigen Cafés und Restaurants verwöhnen lassen.

Wer sich ein Zimmer oder Appartement in ruhiger Lage mieten möchte, der sollte noch ein Stück weiter Richtung *Montepescini/ Casabianca* radeln. Casabianca ist ein riesiges Landgut von 700 Hektar. Zwischen den Flüssen Ombrone und Merse und den bewaldeten Höhen von Murlo liegt es auf etwa 300 Höhenmetern. Die einzelnen Häuser stehen weit voneinander entfernt, so daß Sie sich in absoluter Ruhe entspannen können. Zwei Swimmingpools, Tennisplätze, Bocciabahnen, Tischtennisplatten und ein Reitplatz bieten sportlichen Ausgleich.

Auf etwa 120 Hektar wird Wein angebaut, darunter der Chianti DOCG. Im Restaurant gibt es typisch toskanische Gerichte, die überwiegend mit den Produkten der eigenen Landwirtschaft zubereitet werden.

Während die Zimmer pro Nacht angemietet werden können, werden die Appartements nur für zwei Nächte über das Wochenende oder wöchentlich vermietet!

Tour 4: Casabianca – Castello di Tocchi

Casabianca – Montepescini – Iesa (Lama) – Tocchi – Castello di Tocchi (22 km)

Immer einsamer wird es auf den Straßen und Wegen. Die Tour führt hinein in den Urwald der Region Farma-Merse. Hier können Sie alte Korkeichen bewundern, Fischotter und Wildschweine sind hier zu Hause, und Sie haben die Möglichkeit, in einem kleinen, mittelalterlichen Weiler ein Appartement zu beziehen.

Zwischen Montepescini und der SS 223 ist der Weg unbefestigt und geht steil ins Mersetal hinunter und auf der anderen Seite wieder hinauf, ein Streckenabschnitt, der überwiegend zum Schieben geeignet ist. Nach der Überquerung der SS 223 ist die Strecke durchgehend asphaltiert und wunderschön. Wem diese Strecke zu mühsam ist, der kann von Casciano di

Murlo hinunter zur SS 223 radeln, dieser ein Stück Richtung *Grosseto* folgen und dann rechts hinauf Richtung *Monticiano* abbiegen (siehe Tour 5).

Von *Casabianca* radeln Sie wieder hinauf bis nach *Montepescini,* wo Sie links Richtung *Grosseto* abbiegen. Nachdem Sie Montepescini umfahren haben, führt Sie die unbefestigte Straße rechts steil zur Merse hinunter. Nach Überquerung des Flusses geht es auf der anderen Seite wieder steil hinauf. Sie kommen an einer Pferdezucht vorbei und gelangen schließlich auf eine asphaltierte Querstraße. Auf diese biegen Sie rechts ab, Richtung *Siena/Grosseto.* Wer seine Pause an einem wunderschön gelegenen Platz genießen möchte, der biegt hier links ab und rollt hinunter zum alten Bad von Petriolo. Wunderschön liegt es zwischen Farma und Merse. Das alte Badehaus mit seinen Arkaden und dem davorliegenden weißen Wasserfall ein begehrtes Fotomotiv.

Doch nun geht es wieder den Berg hinauf, Richtung *Siena/Grosseto.* In Serpentinen erreichen Sie die Brücke, die Sie über die SS 223 führt. Eine kleine einsame Straße führt in den Wald hinein, den Hügel hinauf Richtung Iesa. Mit Iesa sind mehrere kleine Weiler gemeint. In den Karten sind in der Regel *Cerbáia, Lama* und *Soláia* eingezeichnet.

Blick hinüber zum Dom von Siena

Wieder geht es steil hinauf, doch herrliche Ausblicke in die Umgebung entschädigen für die Mühen. Schließlich erreichen Sie Lama/Iesa, wo Sie einen kleinen Kreisverkehr vorfinden. Hier haben Sie die Möglichkeit, am Abend in einer kleinen Ostería ganz vorzüglich zu speisen. Traditionelle Gerichte aus der Region stehen auf der Karte. Die Ostería *L'Aia di Gino* in der Via dell' Arco 8 in Iesa, ist 1996 eröffnet worden und noch ein echter Geheimtip! Am Kreisverkehr biegen Sie rechts ab Richtung *Monticiano.* An der nächsten Querstraße biegen Sie entweder links ab nach *Monticiano,* wenn Sie im Hotel da Vestro übernachten möchten, oder Sie fahren rechts ab, und noch einmal rechts, um in *Tocchi* bzw. *Castello* zu übernachten. Hierfür radeln Sie durch Tocchi hindurch und biegen im Ort rechts ab nach *La Ripa.* Hier können Sie Appartements in Castello anmieten. Der Besitzer spricht Englisch, Gastfreundschaft wird großgeschrieben. Castello ist ein kleiner Weiler etwas unterhalb von La Ripa. Hier können Sie absolute Ruhe genießen. Das nächste Lebensmittelgeschäft finden Sie in Iesa!

Tour 4a: Tocchi – S. Galgano – Tocchi

Tocchi – Monticiano – S. Galgano – Monticiano – Tocchi (35 km)

Ab Tocchi geht es links ab, auf einer gut asphaltierten und ruhigen Straße durch die bewaldeten Hügel nach Monticiano. Während auf der Hinfahrt die herrlichen Abfahrten überwiegen, heißt es auf der Rückfahrt eher: Luftholen und raufstrampeln.

In Monticiano biegen Sie rechts ab Richtung *Siena* den Hügel hinunter, überqueren die Merse und folgen dann links der Ausschilderung nach *S. Galgano/Massa Maríttima.* Nach etwa drei Kilometern biegen Sie links ab zur Abtei *S. Galgano* und der kleinen, romanischen Kirche *S. Galgano all'Eremo di Monte Siepi,* die oberhalb der Abtei auf einem Hügel liegt. In ihr können Sie alte Fresken von Ambrogio Lorenzetti bewundern.

Nach Besichtigung der Abtei mit ihrer beeindruckenden Klosterkirche und ihrer fotogenen Palme im Innenhof radeln Sie wieder hinauf nach *Monticiano.* Wenn Sie die Höhe mit gutem Appetit erreichen, empfehlen wir Ihnen das Restaurant im Hotel da Vestro. Rita Holzleiter-Barsotti ist schon vor langer Zeit nach Italien ausgewandert und versteht es vorzüglich, die Köstlichkeiten der traditionellen toskanischen Küche auf den Tisch zu zaubern. Wer in ihrem Hotel übernachten möchte, der sollte jedoch rechtzeitig reservieren!

Gut gestärkt geht es von Monticiano wieder auf der kleinen asphaltierten Landstraße links ab Richtung *Tocchi.*

Sie lassen die Abzweigung nach Iesa rechts liegen und radeln ein Stück den Hügel hinunter, ehe es rechts ab zurück nach *Tocchi* und *Castello* geht.

Tour 5: Tocchi – Casciano di Murlo

Tocchi – S. Lorenzo a Merse – Casciano di Murlo (15 km)

Die Tour ist nicht sehr lang, doch einer rasanten Abfahrt folgt ein langer Aufstieg. Als Belohnung winkt der Swimmingpool vom Campingplatz in Casciano di Murlo.

In Tocchi biegen Sie rechts dann ab und radeln bis zur Hauptstraße. Nun lautet die Devise: Bremsen und nicht treten. Sie rauschen an dem kleinen

Fortezza von Montalcino

Ort *S. Lorenzo a Merse* vorbei. Dann weichen die bewaldeten Hügel zurück und machen den Blick ins Mersetal frei. Unten angekommen biegen Sie links auf die leider stark befahrene SS 223 ab, um nach etwa zwei Kilometern rechts hinauf den Wegweisern nach *Casciano/Camping* und *Casabianca* zu folgen. In engen Serpentinen windet sich die Straße nach oben.

Nach Erreichen des Höhenrückens biegen Sie rechts ab nach *Casciano/Camping/Casabianca,* radeln links am Ort vorbei und haben schließlich auf einer Höhe von etwa 500 Metern den Campingplatz mit seinem erfrischenden Pool erreicht.

Tour 6: Casciano di Murlo – L' Azienda Mocine

Casciano di Murlo – Murlo – Piana -Buonconvento – Abbazia di Monte Oliveto Maggiore – L' Azienda Mocine (40 km)

Die hier beschriebene Tour führt auf gut asphaltierten, kleinen Straßen über Murlo und Buonconvento in die berühmte Region *le Crete.* Während bis Murlo dichter Wald die Hügel bedeckt, ist die Region der Crete schon vor Jahrhunderten abgeholzt worden, wodurch die Hügel ihr heutiges, charakteristisches Aussehen erhielten. Eine karge Landschaft, überwiegend landwirtschaftlich genutzt, mit viel Erosion und nur kleinen Baumgruppen in den Senken, in denen sich das Regenwasser sammelt. Ab Buonconvento nimmt der zuvor kaum vorhandende Autoverkehr zu. Vor allem Touristen treibt es durch die bizarren Hügel der *Crete* und zu der berühmten *Abbazia di Monte Oliveto Maggiore.* Viele bekannte Sehenswürdigkeiten liegen an der Strecke, so daß Sie einige Zeit für Besichtigungen einplanen sollten!

Sie verlassen Casciano di Murlo Richtung *Murlo/SS 2.* Nachdem Sie den Hügelrücken ein kurzes Stück hinuntergerollt sind, geht es auf der anderen Seite bis auf über 500 m wieder hinauf. So haben Sie schon nach den ersten Kilometern den höchsten Punkt der Etappe erreicht. Eine herrliche Abfahrt durch die bewaldeten Hügel führt Sie vorbei an der romantischen Burgruine von *Crevole.* Dieser sollten Sie unbedingt einen kurzen Besuch abstatten. Sie ist schon von weitem zu sehen, denn ihr Bergfried ragt wie ein Finger aus dem Steineichenwald heraus. Die Burg Crevole war über Jahrhunderte hinweg Gegenstand blutigster Auseinandersetzungen zwischen den Bischöfen und der Republik Siena.

Weiter führt Sie die Straße nun erst über den Sturzbach Crevole und dann durch das Tal der Crevole hindurch. Sie erreichen die Abzweigung nach *Vescovado di Murlo* nach etwa zehn Kilometern und folgen dieser rechts am Ort vorbei bis rechter Hand der befestigte antike Ort Murlo auftaucht. Heute ist bekannt, daß diese Region ein wichtiges Siedlungsgebiet der Etrusker war. Das *Castello di Murlo,* welches aus dem mächtigen Bischofspalais und Wirtschaftsgebäuden besteht, bildet nach seiner Restaurierung den Museums-Komplex des Antiquariums, in dem Sie sich die berühmten archäologischen Funde der Ausgrabungen von *Poggio Civitate* ansehen können.

Nun ändert sich das Landschaftsbild. Sanfte Hügel, die landwirtschaftlich genutzt werden, Schafe und Pferde, die auf saftigen Weiden stehen und einzelne kleine Häuser mit den für die toskanische Landschaft charakteristischen Zypressen prägen das Bild. Weiter führt die kleine Landstraße den Hügel hinunter. Wer sich die alte Kirche *Pieve di Santi innocenti* in Piana aus dem 8. Jahrhundert ansehen möchte, der folgt links der Schotterstraße Richtung *Piana.* Die Kirche wird nicht weiter ausgeschildert. Sie radeln auf der Schotterstraße in das Flußtal hinunter und folgen noch ein Stück der Crevole, bis Sie links oberhalb der Hügelkette die mächtigen wehrhaften Mauern und den Kirchturm liegen sehen. Hier biegen Sie links ab und radeln die Schotterstraße zur Kirche hinauf. Nach einer kurzen Besichtigung des beeindruckenden Bauwerks mit seinem schönen Innenhof rollen Sie, die Kirche im Rücken, bis zur nächsten Querstraße hinunter. Diese ist wieder asphaltiert und führt Sie rechts ab zur Hauptstraße nach Buonconvento. Sie folgen ihr links bis in die mittelalterliche Stadt hinein.

Buonconvento liegt im Tal, wo sich die Flüsse Ombrone und Árbia treffen, nur etwa 150 m.ü.M. Die Altstadt ist zum Teil noch von Schutzmauern aus dem 14. Jahrhundert umgeben, die die Sienesen errichtet haben sollen. Ein Rundgang durch die Fußgängerzone zeigt ein mittelalterliches Stadtbild. Unbedingt sehenswert sind die im Jahre 1705 neu erbaute Pfarrkirche der Heiligen Petrus und Paulus aus dem 12. Jahrhundert und das Museum sakraler Kunstschätze.

Nachdem Sie die Fußgängerzone durchschoben haben, folgen Sie der Ausschilderung rechts Richtung *Roma* und gleich wieder links Richtung *Chiusure/Asciano.* Nach der Überquerung der Bahnschienen verlassen Sie den tiefliegendsten Punkt der Etappe und radeln in die Hügelwelt der Crete hinein. Im Frühjahr wechseln die Farben der Landschaft von verschiedenen hellgrünen Tönen der Getreidefelder, über gelbe Raps- und rote Mohnfel-

Kirche von Vertine

der, bis hin zu dunkelgrünen Baumoasen. Im Sommer taucht die heiße Sonne die Getreidefelder in goldenes Licht und im Herbst zeigt sich der Fleckenteppich in den verschiedensten Grau- und Brauntönen, die den Eindruck einer Mondlandschaft vermitteln. Nur die dunkelgrünen Baumgruppen in den Senken, die berühmten toskanischen Zypressen, die von Erosion freigelegten Felsen sowie die kleinen, durch Natriumsulfatablagerungen weiß gewordenen Lehmkuppeln setzen sich ein wenig ab.

Sie radeln auf der kleinen asphaltierten Landstraße, die den Hügelketten folgt. Schließlich taucht rechter Hand die Abtei *Monte Oliveto Maggiore* auf, die auch heute noch ein Zentrum des Benediktiner-Ordens ist. Der imposante rote Backsteinbau liegt märchenhaft auf einem Felsen über den kargen Hügeln. Für eine Besichtigung der berühmten Abtei sollten Sie sich unbedingt Zeit nehmen. Dieses außergewöhnliche Kunstdenkmal wurde im Jahre 1313 von dem Sienesen Bernardo Tolomei gegründet und seine verschiedenen Gebäude entstanden zwischen dem 14. und 18. Jahrhundert Der kleine mittelalterliche Platz vor der Abtei wurde 1393 angelegt. Eine herrliche Allee führt zum Kloster und seiner Kirche, die mit einem gotischen Glockenturm ausgestattet ist. Durch eine Vorhalle gelangen Sie zu einem der berühmtesten Kreuzgänge der Welt. Auf seinen Wänden können

Sie eines der größten Meisterwerke der Renaissance, den Freskenzyklus über das Leben des hl. Benedikt von Luca Signorelli und Sodoma, bewundern. Außerdem sollten Sie sich das wunderschöne Holz-Chorgestühl mit Intarsien von Giovanni da Verona von 1503 ansehen.

Sie verlassen die Abtei und bleiben auf der Straße nach *Asciano.* Nachdem es noch ein Stück bergan geht, biegen Sie links ab Richtung Asciano, und nun führt Sie die Strecke in starken Wellen abwechselnd steil hinauf und hinunter. Bei einer solch rasanten Abfahrt taucht plötzlich der Wegweiser nach links zur *Azienda Mocine* auf. Nachdem Sie diesem gefolgt sind, sehen Sie nach kurzer Zeit das Wohnhaus vor sich liegen. Wer sein Zelt dabei hat, der kann sich den besten Platz auf dem 700 Hektar großen Grundstück aussuchen. Wunderschön liegt ein See unterhalb des Wohnhauses im Tal. Wer hier sein Zelt aufstellen will, der sollte unbedingt Trinkwasser und Lebensmittel von oben mitnehmen! Da der nächste Laden weit entfernt ist, bietet sich ein Besuch des Restaurants »La Torre« bei der Abbazia di Monte Oliveto Maggiore an, bevor Sie ihr Quartier ansteuern!

Tour 7: Mocine – Siena

Mocine – Asciano – Pievina – Siena (– Camping Colleverde) (36 km)

Wie ein Wellenreiter radeln Sie ausschließlich auf asphaltierten, kleinen Straßen durch die Hügelwelt der Crete. Ein Leckerbissen für Fotografen und alle, die die geheimnisvolle Wirkung dieser Landschaft erleben wollen.

Sie verlassen die *Azienda Mocine* bis zur Hauptstraße, der Sie links Richtung *Asciano* folgen. Auf und ab geht es durch die Hügel hindurch und in einer rasanten Schußfahrt erreichen Sie das Ombronetal. Wenn Sie Asciano besichtigen möchten biegen Sie hier rechts ab, nach Siena führt die Straße SS 438 links den nächsten Hügel hinauf. Diese Strecke ist wohl die bekannteste durch die *Crete.* Sie verläuft auf einem Höhenrücken entlang bis nach Siena. Links und rechts haben Sie tiefe Einblicke in Täler und Felsspalten. Wenn der Blick in die Ferne schweift, dann scheinen die hintereinanderliegenden Hügelketten im diffusen Licht endlos. Auf ihren höchsten Punkten liegen immer wieder kleine, typisch toskanische Höfe, deren Zufahrten mit den charakteristischen Zypressen gesäumt sind.

Die Straße schlängelt sich einer der eindrucksvollsten Städte Italiens entgegen. Im Dunst ist ihre Silhouette schon von weitem zu sehen. Majestätisch liegt Siena auf ihrem Hügel vor Ihnen und mit jedem Auf und Ab kommen Sie ihr ein Stück näher. Schließlich erreichen Sie *Taverne d' Árbia.* Nach Überquerung des Flusses biegen Sie links ab Richtung *Siena.* Sie folgen der SS 326 und links weiter der Ausschilderung nach *Siena Ost.* Nun bleiben Sie auf der Hauptstraße und kämpfen sich mit dem Verkehr weiter Richtung *Firenze/Camping.*

Nachdem Sie die erste Ampel überfahren haben steigt die Straße leicht an, bis Sie wieder eine Ampel erreichen. Sie folgen der Ausschilderung nach rechts über die Schienen, Richtung SS 408/*Montevarchi* und Camping. Wieder geht es einen Hang hinauf, bis sich die SS 408 nach rechts windet. Hier radeln Sie geradeaus hinauf zum Campingplatz, der bald linker Hand auftaucht. Kurz bevor Sie den Platz erreichen, gibt es auf der linken Straßenseite ein kleines Lebensmittelgeschäft.

Tour 7a: Siena – Crete – Siena

Siena (Camping Colleverde) – Pievina – Abb. a Rofeno – Monteroni d'Árbia – Radi – Ville di Corsano – Siena (Camping Colleverde) (70 km)

Wer sich länger in Siena aufhält und neben der Stadtbesichtigung einen Tag in einer herrlichen Landschaft erleben möchte, dem ist diese Tagestour im Süden von Siena zu empfehlen. Zumeist auf einsamen, überwiegend asphaltierten Wegen, führt Sie die Tour auf und ab durch bekannte und unbekannte Regionen. Genießen Sie einen Tag *Crete* ohne Gepäck, und lassen Sie sich von der außergewöhnlichen Landschaft begeistern.

Sie verlassen Siena über die Hauptstraße SS 326 Richtung *Asciano.* In *Taverne d' Árbia* fahren Sie rechts Richtung Asciano auf die SS 438. Hinein geht es in die Hügel der Crete. Bizarr reihen sich die kargen Hügelketten hintereinander auf. Kleine Landhäuser, von Zypressen umstellt, liegen auf ihren höchsten Kuppen. Auf einer dieser Hügelketten führt Sie die SS 438 entlang. Sie erreichen den kleinen Weiler *Pievina* mit einem vielgerühmten Restaurant »Ristorante da miretta – La Pievina«. Hier biegen Sie scharf rechts ab auf die Schotterstraße und radeln durch den Ort hindurch. Dann haben Sie einen atemberaubenden Ausblick auf die *Abbadia a Rofeno,* über die Hügel der Crete bis zum Monte Amiata.

Nun geht es erstmal überwiegend bergab. Die Schotterstraße führt Sie vorbei an der alten Abb. a Rofeno, die leider immer weiter zerfällt und bringt Sie schließlich auf eine Asphaltstraße. Diese kommt links von Asciano und führt Sie rechts hinunter zur SS 2. Sie radeln auf der Hügelkette rechts hinab auf einer gut asphaltierten und wenig befahrenen Landstraße nach *Monteroni d' Árbia.* Zuvor erreichen Sie das liebliche Bienatal, in dem wunderschöne Blumen den Straßenrand säumen.

Schließlich erreichen Sie *Monteroni d' Árbia* und die SS 2. Hier radeln Sie rechts und gleich wieder die erste Straße, Via IX. Novembre, links hinein. Unter der Bahn hindurch folgen Sie der Straße geradeaus Richtung *Radi/Ville di Corsano.* Den Hügel hinauf schlängelt sich der Weg zu dem mittelalterlichen Weiler Radi. Im Ort fahren Sie links Richtung *Murlo.* Sie kommen vorbei an der Ostería *Il Pozzo di Radi,* in der Sie neben einer guten toskanischen Küche mit herrlichen Weinen, schöne Appartements mit italienischem Ambiente finden. Der Besitzer ist Österreicher und somit ist die Verständigung kein Problem. Dann radeln Sie bis zur Abzweigung hinunter. Von Radi sind es auf dieser Strecke bis nach Siena etwa 20 Kilometer.

Sie folgen der Schotterstraße SP 23 rechts nach *Ville di Corsano.* Dort bleiben Sie auf der befestigten Straße, bis Sie die Hauptstraße erreichen, die Sie rechts über die Hügel nach Siena bringt. Dies ist einer der schönsten Anfahrtswege nach Siena. Schon früh sieht man die mittelalterliche Stadt, die wie im Märchen über den Hügeln aufragt.

Tour 8: Siena – S. Donato in Perano

Siena (Camping Colleverde) – Pianella – S. Régolo – Gaiole in Chianti - Vertine – S. Donato in Perano (36 km)

Diese Tour bringt Sie in die wohl bekannteste Region der Toskana: Das *Chianti* ist eine wunderschöne Hügellandschaft. An den Hängen reifen die Trauben für die berühmten Chiantiweine, dazwischen liegen mittelalterliche Dörfer, Landhäuser und Burgen. Dort, wo keine Rebstöcke stehen, sind die Hügel zumeist bewaldet. Die Tour verläuft fast ausschließlich auf asphaltierten Landstraßen, auf und ab durch die Hügel hindurch.

Klosterkirche S. Galgano bei Moticiano

Sie verlassen Siena über die SS 408 Richtung *Montevarchi.* Nach kurzer Zeit erreichen Sie ein Flußtal, welches Sie überqueren. Eine Bar lädt schon zum ersten Cappuccino ein und dann geht es weiter auf der SS 408. Diese schlägelt sich langsam durch einen herrlichen Eichen- und Buchenwald den nächsten Hügel hinauf. Noch einmal haben Sie den Blick nach rechts hinein in die Hügel der Crete, ehe sich die Straße nach links wendet. Dann rollen Sie hinunter in das Tal der *Àrbia.*

Sie erreichen *Pianella,* überqueren den Fluß und folgen links der SS 408. Schilder weisen auf die Weinstraße und auf die *Strada di Castelli del Chianti,* die Burgenstraße hin. Leider nimmt der Verkehr ab Pianella zu, so daß wir einen kleinen Umweg über die Hügelkette parallel zum Árbiatal empfehlen. Sie nehmen die erste Straße rechts Richtung *Castello di Brólio,* die zuerst noch asphaltiert, dann als befestigte Straße weiterführt. Sie kommen vorbei an alten Landhäusern, radeln durch Weinberge hindurch und treffen plötzlich auf Gruppen von Zypressen am Wegesrand. Von oben haben Sie immer wieder schöne Ausblicke nach Westen in das Árbiatal.

Bis nach *S. Régolo* folgen Sie dem befestigten Weg auf der Hügelkette entlang, dann stoßen Sie auf die SS 484. Rechts ragt das Castello di Brólio aus dem Wald hervor. Wer den Blick vom Schloß hinunter in die Landschaft genießen möchte, der fährt rechts die steile Zufahrt hinauf. Wem die bisherigen Ausblicke reichen, der biegt links ab auf die SS 484 Richtung *Siena/Gaiole in Chianti.* In rasanter Fahrt führt die nun wieder asphaltierte Strecke, durch einen herrlichen Eichenwald am Fluß entlang den Hang hinunter bis sie wieder auf die SS 408 stoßen. Ihr folgen Sie nach rechts Richtung *Gaiole in Chianti.*

Je nachdem, wo Sie die Nacht verbringen wollen, radeln Sie durch Gaiole hindurch, weiter auf der SS 408 Richtung Campingplatz von *Cavríglia* oder Sie folgen der kleinen steilen Straße links hinauf nach *Vertine.* Der winzige, befestigte kleine Ort liegt einsam auf einem Hügel, von dem Sie einen atemberaubenden Blick über die Hügel des Chianti und hinunter in das tiefliegende Flußtal haben. Leider ist diese Strecke über Vertine in kaum einer Toskanakarte eingezeichnet. Es gibt sie aber doch, die Straße führt weiter nach *S. Donato in Perano,* oberhalb der Weinberge, bis Sie die Querstraße SS 429 erreichen. Kurz davor haben Sie die Möglichkeit, linker Hand in schicken Appartements zu übernachten. Ein hauseigener Swimmingpool sorgt für Abkühlung nach dem steilen Anstieg hinauf nach Vertine. Die nächsten Lebensmittel gibt es jedoch erst in Gaiole oder Radda in Chianti! Wer in direkter Umgebung von Radda oder im Ort selbst übernachten möchte, der folgt der SS 429 links Richtung *Radda in Chianti.*

Tour A1: San Gimignano – Siena

San Gimignano – Colle di Val d'Elsa – Monteriggioni – Siena (40 km)

Die Tour (Fortführung der Touren Florenz A2, A3) führt Sie auf und ab, auf asphaltierten Straßen, durch die sienesische Hügelwelt. Mit Colle di Val d' Elsa und Monteriggioni können Sie zwei wunderschöne Städte besichtigen und den kleinen Abstecher von Monteriggioni zum kleinen Dorf Abbadia Isola sollten Sie sich nicht nehmen lassen. Dann geht es, mit leider mehr Autoverkehr, auf der SS 2 nach Siena.

Sie verlassen San Gimigiano Richtung *Poggibonsi.* Bis zum Flußtal führt die Straße 200 Höhenmeter hinunter. Hier verlassen Sie die Strecke nach Poggibonsi und radeln geradeaus Richtung SS 68/*Colle di Val d' Elsa.* Ein kräftiger Anstieg mit Serpentinen bringt Sie zur SS 68, auf der Sie links abbiegen. Nach etwa dreieinhalb Kilometern erreichen Sie die dreigeteilte Stadt.

Von Colle di Val d' Elsa folgen Sie weiter der SS 68 Richtung Monteriggioni und SS 2. Rasant geht es ins Elsatal und dann auf einer Hügelkette entlang. Nach etwa acht Kilometern erreichen Sie den noch vollständig befestigten Ort Monteriggioni. Mit der SS 2 erreichen Sie noch einmal fast 300 Höhenmeter ehe Sie dann nach Siena hinunterrollen. Den Campingplatz finden Sie linkerhand auf einer Hügelkette.

Tour A2: Siena – Mocine

Siena – Pievina – Asciano – Mocine (36 km)

Die Tourenbeschreibung finden Sie als Tour 7 und 7a in diesem Kapitel.

Tour A3: Mocine – Lago di Chiusi

Mocine – S. Giovanni d'Asso – Trequanda – Torrita di Siena – Chiusi – Lago di Chiusi (65 km)

Steil geht es hinauf und hinunter über Chiusure bis nach *S. Giovanni d' Asso*. Dann führt die Straße noch einmal steil hinunter, ehe die Hügel bei Montisi endlich sanfter werden. Getreidefelder überziehen die Hügel und bieten im Frühling immer wieder neue Farbspiele. Ab der Höhe von Sinalunga führt Sie die Strecke überwiegend bergab, doch leider nimmt auch der Verkehr zu. Schließlich erreichen Sie Chiusi.

i Die zwei Campingplätze am See liegen kurz vor der Stadt. Hier können Sie ihr Zelt aufschlagen und sich mit einem Sprung ins kühle Naß erfrischen.

Sie verlassen die Azienda da Mocine rechts in Richtung *Chiusure*. Die Abtei *Monte Oliveto Maggiore* lassen Sie rechts liegen und folgen der

Ausschilderung hinauf in den Ort. An der nächsten Straßengabelung radeln Sie rechts den steilen Hang hinauf Richtung *S. Giovanni di Asso.*

Sie lassen die Abzweigung nach Montalcino/SS 2 rechts liegen und radeln links über die Bahnschienen und den Fluß Asso. Nun geht es steil hinunter, ehe Sie wieder langsam nach *Montisi* hinaufradeln. Nachdem Sie den Ort durchfahren haben biegen Sie links ab Richtung *Trequanda.* Von hier geht es überwiegend bergab.

Immer geradeaus kommen Sie schließlich an eine große Querstraße. Hier biegen Sie rechts ab Richtung *Pretoio/Torrita di Siena.* In Torrita di Siena haben Sie einen wunderschönen Blick über das Chianatal. Auf die Hauptstraße biegen Sie kurz links ab und in *Piano* gleich wieder rechts. Leider nimmt der Verkehr nun immer mehr zu und auch der Lärm der Autobahn A 1 ist nicht zu überhören. Sie bleiben auf der Hauptstraße und lassen die Abzweige nach Cortona links liegen. Dann erreichen Sie wieder eine große Hauptstraße, die rechts nach *Montepulciano* führt. Hier fahren Sie links, überqueren die Autobahn und radeln gleich wieder rechts auf der SS 326, parallel zur A1, bis nach *Chiusi.*

Wieder hat sich die Landschaft stark verändert. Die alte Stadt liegt inmitten von riesigen Olivenhainen am südlichen Ausläufer des *Chianatals.* Berühmt ist *Chiusi* für das Archäologische Nationalmuseum, indem Sie wertvolle Sammlungen etruskischer und griechischer Funde bewundern können. Auch das Dommuseum mit seiner kostbaren Sammlung von Handschriften und Choralbüchern aus der Abtei von Monte Oliveto Maggiore ist besonders sehenswert.

Außerhalb von Chiusi können Sie eine etruskische Nekropole mit ihren aus Felsen herausgemeißelten Grabstätten (6. - 5. Jh. v. Chr.) besichtigen. Auf Ihrer Fahrt zum Lago di Chiusi kommen Sie automatisch an der Tomba d. Granduca oder an der Tomba d. Scímmia vorbei.

Städte • Sehenswürdigkeiten • Informationen

Provinzhauptstadt Siena

Will man die berühmtesten und schönsten Städte der Toskana aufzählen, so gehört *Siena* sicher dazu. Durch schmale, steile Gäßchen, enge Häuserschluchten, vorbei an kleinen Brunnenplätzen spazierend, werden wir plötzlich vom Rot des *Piazza del Campo* geblendet. Muschelförmig liegt der Platz im Herzen der Stadt. An der Geraden steht majestätisch das rote

Rathaus (Palazzo Pubblico), welches zwischen 1284 und 1310 erbaut und 1680 erweitert wurde. An seiner linken Seite ragt der viereckige Rathausturm (Torre del Mangia) empor. Von ihm hat man einen wundervollen Blick über die roten Dächer von Siena, hinunter zum Piazza del Campo, auf dem Touristen und Einheimische die warmen Sonnenstrahlen genießen, und auf die sienesische Hügelwelt.

Etwas sollten Sie nach *Siena* unbedingt mitbringen: Zeit. Sich durch die geschäftigen Gassen treiben zu lassen, in einem der unzähligen Cafés an der Piazza del Campo einen Capuccino zu trinken und dem Treiben auf dem Platz gelassen zuzuschauen, das ist es, was Reisen in der Toskana ausmacht.

Dann, wenn die Reisegruppen zum Mittagessen sind, schlendern wir zum Dom hinüber, der aus weißem und schwarzem Marmor erbaut in der Sonne leuchtet. Er ist eines der größten Meisterwerke der romanisch-gotischen Baukunst Italiens. Und doch steht nur ein Teil dieses imposanten Bauwerks. Die Pest hatte im 13. Jahrhundert in Siena gewütet und fast die Hälfte der Steuerzahler dahingerafft. Aus Geldmangel wurde so das Nebenschiff zum Hauptschiff. Dennoch ist dieses Gebäude riesig, auch wenn Siena den Wettlauf mit Florenz um die größere Bedeutung verloren hat. Dieser ständige Kampf zwischen Siena und Florenz gehört heute zur Geschichte und zum Bild Sienas.

Historische Bauten

Die Stadt verteilt sich auf drei Hügelkuppen, die sogenannten »Terzi«. Diese sind wiederum in Stadtbezirke unterteilt. Das »Terzo« di S. Martino liegt im Osten von der Piazza del Campo.

Auf dem Campo findet jedes Jahr das berühmte Pferderennen »Palio« statt.

- Gaia-Brunnen von 1419
- Palazzo Sansedoni 18. Jh.
- Rathaus »Palazzo Pubblico«, Symbol der Unabhängigkeit, erbaut zwischen 1284 und 1310, 1680 erweitert
- Rathausturm »Torre del Mangia« (102 m), 1325 - 1348 erbaut
- Capella di Piazza (unterhalb des Rathausturms) von 1348
- Basilika der Diener, Fassade 15. Jh. und Glockenturm 14. Jh.
- Porta Romana, Stadttor des aus dem 14. Jh. stammenden Mauerrings
- Kloster S. Vigilio, Sitz der Universität, eine der ältesten Europas

Piazza Santo Spirito

- Heilig-Geist-Kirche »Santo Spirito« im Renaissance-Stil

- Brunnen »Fontana dei Píspini«, 16. Jh.
- Heilig Georgskirche, mittelalterlichen Ursprungs, wurde jedoch im 18. Jh. umgebaut

Das »Terzo di Cittá«, ältester Stadtteil Sienas

Piazza del Duomo (Domplatz)

- gotischer Bischofspalast aus dem 18. Jh.
- Haus des Statthalters der Medici
- Dom, 13. Jh.
- romanischer Glockenturm in weißen und schwarzen Marmor-Streifen
- Palazzo Chigi-Saracini, an der Via di Cittá gelegen, beherbergt neben einer renomierten Musikschule eine der bedeutensten privaten Kunstsammlungen Italiens
- Palazzo Piccolomini, gegenüber vom Palazzo Chigi-Saracini
- Loggien des Zunftgerichts der Händler, elegantes Bauwerk aus der Gotik bzw. Renaissance, an der Croce del Travaglio gelegen
- Kirche des Heiligen Johannes des Täufers, tatsächlich das Baptisterium von Siena, 14. Jh.

Das »Terzo« von Camollía und St. Dominikus

Piazza Tolomei

- Palazzo Tolomei, 13. Jh.
- St. Christophorus-Kirche
- Basilika S. Maria di Provenzano, 1595 - 1604
- Basilika des Heiligen Franziskus, Ursprünge aus dem 14. Jh., Fassade neugotisch. Liegt an dem gleichnamigen Platz »Piazza di S. Francesco«.
- Oratorium des Heiligen Bernhard, 15. Jh.
- Kirche S. Michele al Monte di S. Donato
- Branda-Brunnen, berühmtester Brunnen Sienas, am Ende der Via S. Caterina
- Heilige Dominikus-Kirche

Museen

- Das Städtische Museum im Rathaus beherbergt eine interessante Gemäldegalerie.
- Staatsarchiv und Museum des Staatsarchivs befinden sich im Palazzo Piccolomini (florentinische Hochrenaissance).
- Das Archäologische Nationalmuseum befindet sich im Krankenhaus »Spedale di S. Maria della Scala« auf dem Domplatz.

- Im »Museo dell' Opera Metropolitana« sind Dekorationskunstwerke des Doms aufbewahrt. Es befindet sich in einem Gebäude, daß im 15. Jh. das rechte Kirchenschiff werden sollte.
- Pinakothek, hier kann man einen Überblick über die sienesische Malerei aus dem 14. - 17. Jh. bekommen. Eingerichtet im Palazzo Buonsignori und Palazzo Brigidi.

Asciano le crete

Asciano ist ein kleines mittelalterliches Städtchen, welches am Oberlauf des Ombrone liegt und im 14. Jahrhundert von den Sienesen befestigt wurde.

Historische Bauten
- Collegiata di Sant' Agata (11. Jh.)
- Kirche San Francesco (romanisch)
- Piazza del Grano – Brunnen (15. Jh.)

Museen
- Museum für Sakrale Kunst, Kollegiatkirche (sienesische Werke aus dem 14. und 15. Jh.)

Wildes Mersetal

- Etruskermuseum, San Bernhard Kirche (Funde aus der Nekropole von Poggio Pinci)
- Cassioli Museum (Kunst des 19. Jh.)

Nicht weit entfernt liegt die berühmte *Abtei Monte Oliveto Maggiore,* die Sie unbedingt besichtigen sollten. Nähere Informationen finden Sie unter Tour in diesem Kapitel.

Buonconvento

Am Zusammenfluss von Árbia und Ombrone auf der einen, an der wichtigsten Straße Via Cassia, der *Frankenstraße,* auf der anderen Seite, war Buonconvento schon im Mittelalter ein bedeutendes Handelszentrum. Im Süden von Siena, auf der lieblicheren Seite der Crete, ist die Landwirtschaft ein bedeutender Wirtschaftszweig.

Der von den Sienesen erbaute rechteckige Mauerring von 1371 weist nach Siena hin ein mächtiges Nordtor auf. Welche Bedeutung dieses landwirtschaftliche Zentrum schon im Mittelalter hatte, lassen die 25 Wappen der Bürgermeister an der Fassade des Rathauses erahnen. Schon seit 1270 ist Buonconvento Sitz eines Bürgermeisters.

Bekannte Produkte

- Weißwein und Likörwein Vinsante DOC Val d' Árbia
- Weiße Trüffel der sieneser Crete

Museum

- Museum sakraler Kunstschätze (Kunstwerke der lokalen Kirchen)

Colle di Val d'Elsa

Colle di Val d' Elsa ist berühmt für seine hochwertige Kristallglas-Produktion. Es liegt auf drei abfallenden Ebenen und besteht somit aus drei Teilen: *Il Borgo,* dem Dorf, *Il Castello,* der Burg, und *Il Piano,* der Ebene bzw. der Neustadt. An der *Frankenstraße* gelegen war Colle im Mittelalter ein bedeutender Ort. 1592 erhielt er Stadtrecht und wurde Bischofsitz.

Der langgezogene Stadtteil *Il Borgo* ist gesäumt von Patrizierhäusern des 16. und 17. Jahrhundert Die Via del Castello führt durch das alte Schloß Pitticiano und durch einen offenen Bogengang erreichen Sie den unvollendeten, aber mächtigen Palazzo Campana (1539). Von ihm kommen Sie in den ältesten Stadtteil: *Il Castello.* Das Aussehen Colles ändert sich schlagartig. Enge und gepflasterte Gassen, steile Treppen und imposante Geschlechtertürme prägen nun das Bild. Die charakteristischste Straße ist hier die Via delle Volte mit kleinen Kirchen und Häusern des 13. Jahrhunderts. An ihrem Ende erreichen Sie den Wall, von dem Sie eine wunderschöne Aussicht auf die Neustadt von Colle di val d' Elsa haben.

Historische Bauten

Il Piano

- Kirche S. Agostino (13. Jh.)
- Bank Monte dei Paschi (1983, modern!)

Il Borgo

- Stadtmauer (12. - 13. Jh.)
- Porta Nuova
- Rathaus
- Palazzo Usimbardi
- Palazzo Buoninsegni
- Palazzo Campana

Il Castello

- Dom (17. Jh.)
- Palazzo Pretorio (Prätorengebäude 14. Jh.)
- Bischöfliches Palais

Museen

- Archäologisches Museum »Bandinelli«, Palazzo Pretorio, Il Castello
- Diözesanmuseum für Sakrale Kunst und Städtisches Museum, Bischöfliches Palais, Il Castello

Montalcino

Die Stadt stellt die äußerste Spitze des sienesischen Gebiets, vor den Wäldern der Maremma und den Ausläufern des Monte Amiatas, dar. Berühmt ist Montalcino für seinen Rotwein, den *Brunello,* seinen Honig und die Plätzchen Ossi di morto. Auf einem 567 Meter hohen Hügel thront die Stadt mit ihrer Festung aus dem 14. Jahrhundert über dem gesamten Umland.

Historische Bauten

- Festung, (1361 erbaut; 1555 flohen 650 Familien in die Burg und leisteten bis 1559 erbitterten Widerstand gegen die Kaiserlichen Heerscharen, im Innern befindet sich die Standarte von Siena, die Sodoma zugeschrieben wird.)

- Rathaus (13. - 14. Jh.)
- Statue Cosimo I. de' Medici (16. Jh., vor dem Rathaus)

Museum
- Städtisches Diözesanmuseum, Kirche des Hl. Augustinus (14. Jh.) (Werke der Sienesischen Schule des 14. und 15. Jh.)

Monteriggioni
Monteriggioni ist noch fast vollständig erhalten und somit ein anschauliches Beispiel einer mittelalterlichen Siedlung mit militärischem Charakter. Die zwischen 1212 und 1270 errichteten Wehrmauern mit ihren 14 viereckigen Türmen geben ein eindrucksvolles Bild mittelalterlicher Baukunst. In der Pfarrkirche Johannes des Täufers kann man deutlich den Übergang vom romanischen zum gotischen Baustil erkennen.

In der Nähe von Monteriggioni liegt das kleine Dorf *Abbadia Isola,* welches sich im 11. Jahrhundert um die Erlöser-Abtei bildete.

Murlo
Murlo gehörte schon im 13. Jahrhundert zum Lehensbereich der sieneser Bischöfe. Der Sitz ist jedoch nicht in dem befestigten Ort Murlo, der aus

Geschlechtertürme von San Gimignano

dem mächtigen Bischofspalais und den Wirtschaftsgebäuden besteht, sondern im schräg gegenüberliegenden Vescovado.

Der befestigte Ort Murlo beheimatet heute, nach seiner Renovierung, das berühmte Museum Antiquarium di Poggio Civitate. In diesem können Sie die archäologischen Funde der Ausgrabungen von *Poggio Civitate* bewundern.

Pienza

Einsam erhebt sich auf einer Hügelkuppe Pienza, das eine Musterstadt der Renaissance werden sollte. Papst Pius II., der hier geboren wurde, beauftragte den Architekten Bernardo Rosselino mit der Planung. Das Bauvorhaben scheiterte jedoch nach einigen Jahren, denn 1464 starben Papst und Architekt. Fertiggestellt wurde an der höchsten Stelle Pienzas der Piazza Pio II., der trapezförmig angelegt wurde und an dessen Seiten Sie den Bischofspalast, das Rathaus, die Kathedrale und den Palast Ammannati bewundern können.

Neben der Kathedrale, die in ihrem Inneren besonders hell ist, finden Sie den mächtigen *Palazzo Piccolomini* mit einem Brunnen, ebenfalls im Renaissancestil erbaut. Vom Hängegarten haben Sie den Blick auf die berühmte Loggia.

Poggibonsi

Poggibonsi gilt als das wichtigste Industrie- und Handelszentrum des Elsatals. Doch hinter der Fassade sind einige der größten Schätze der Provinz Siena zu finden. Da, wo die Flüsse Staggia und Elsa sich treffen, entstand Poggibonsi unter dem Namen Podium Bonitii. Das Schloß wurde 1270 von Guido da Monforte zerstört, jedoch später bei Marturi wieder aufgebaut. 1478 läßt Lorenzo de Medici mit dem Bau der imposanten Burg *Poggio Imperiale* beginnen, der jedoch nie beendet wird.

Historische Bauten

- Kirche San Lorenzo (14. Jh.)
- Palazzo Pretorio mit Turm (viele Familienwappen)
- Stiftskirche mit dem Bergfried der Burg Marturi als Glockenturm (Umbau der Kirche im 19. Jh. im neuklassischen und barocken Stil)

In der näheren Umgebung

- Fonte delle Fate (Feenbrunnen) mit gotischen Arkaden (13. Jh.)
- Kirche von San Lucchese (1213, Geschenk an Franz von Assisi)

- Castello della Magione (11. Jh.)
- Staggia (einst vollständig befestigter Stadtteil)

San Gimignano

San Gimignano ist nach Siena die bekannteste Stadt der Provinz. Tausende von Menschen kommen jedes Jahr hierher, um das besondere Flair des mittelalterlichen Städtchens zu erleben.

Dank seiner günstigen Verkehrslage auf einem Hügel über dem Elsatal, war S. Gimignano schon im 10. Jahrhundert ein bedeutendes Handelszentrum. Im Laufe der Zeit ragten bis zu 72 sogenannte Geschlechtertürme in den Himmel. Jeder einzelne stand für Macht und Reichtum einer Familie. Den vollständigen Erhalt des mittelalterlichen Stadtbilds verdankt S. Giminano der Eröffnung eines neuen Abschnitts der *Francigena*. Diese wichtige Handelsstraße des Mittelalters sorgte für eine Belebung der Städte Poggibonsi und Colle di Val d' Elsa, was sich nachteilig auf S. Gimignano auswirkte.

Durch das Stadttor Porta S. Giovanni aus dem 13. Jahrhundert lassen Sie die mittelalterliche Stadtmauer hinter sich und treten ein in schon vergangene Zeiten. Leider ist S. Gimignano ein Ziel vieler Busreisen und so sind den ganzen Tag über, wie in Siena oder Florenz, unendlich viele Reisegruppen unterwegs. Die ruhigste Zeit ist frühmorgens, mittags und abends nach 17.00 Uhr.

Historische Bauten

Burg Montestaffoli (erbaut 1353, wurde 1555 von Cosimo I. der Familie der Medici wieder abgerissen). Von dem einzigen Turm der übrigblieb, haben Sie einen wunderschönen Blick auf S. Gimignano mit seinen heute noch 15 erhaltenen Geschlechtertürmen, die in der Dunkelheit angestrahlt werden.

Piazza della Cisterna (Stadtzentrum des 13. Jh.):

- Palazzo Tortoli-Treccani (14. Jh.)
- Palazzo dei Cortesi mit seinem hohen »Teufelsturm«
- Becci-Bogen und Turm (13. Jh.)
- Zwillingstürme der Ardinghelli
- Zisterne (1327)

Piazza del Duomo (ebenfalls Stadtzentrum schon im 13. Jh.)

- Haus des Podesta mit dem mächtigen Rognosa Turm

- Freitreppe führt zur Kollegiatkirche (12. Jh.)
- Rathaus (links neben der Kirche)
- Palast des Bürgermeisters
- Innenhof des »Großen Turms« (14. Jh.; Zisterne von 1361; unter den Rundbögen Fresken von Sodoma)

Piazza S. Agostino
- St. Augustinus Kirche (1280 - 1298)
- Chiesetta di S. Pietro (kleine romanische Kirche)

Museen
- Museo di Arti e Mestieri (Kunstgewerbe-Museum), Porta S. Giovanni
- Museo d' Arte Sacra (Städtisches Museum), Piazza del Duomo

San Quirico d'Órcia
Das mittelalterliche Städtchen ist reich an antiken Bauten. Eine besondere Attraktion sind die *Leonini-Gärten* aus dem 16. Jahrhundert im Zentrum der Stadt.

Historische Bauten
- Stadtmauer (15. Jh. mit noch 14 kleinen Wehrtürmen)
- Porta al Cappuccini
- Santa Maria Assunta (kleine romanische Kirche)
- Santa Maria Vitaleta (gotische Kirche)

Stadtzentrum
- romanische Stiftskirche (13. Jh.)
- Porta Nuova

Oberhalb der Stadt
- Ruine des Palazzo Chigi (Zisterne)
- historischer Ortskern
- massiver Vieleckturm der Kapuziner

Kulinarische Spezialitäten
Seit Jahrhunderten verwendet die sienesische Küche die gleichen Grundbestandteile. Aus der Crete kommen der Schafskäse, Hartweizen, typische Kuchen, der Honig aus Montalcino und der Trüffel aus San Giovanni d' Asso und Asciano. Das würzige Fleisch und die Wurstwaren sind Ergebnis

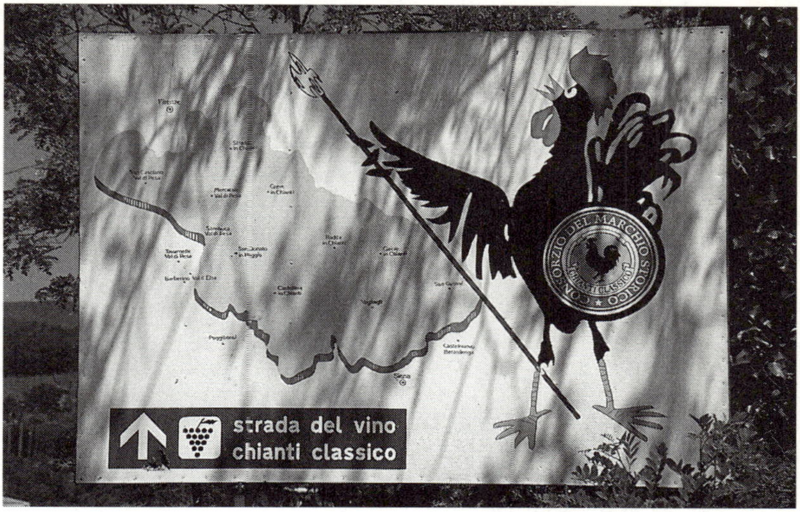

Im Land des Gallo Nero

der Zucht der Chianina-Rasse, einer besonderen Rinderart. Aus dem berühmten Olivenöl Extravergine, Gemüsen der Region und dem weißen, salzlosen Brot bestehen die traditionellen sieneser Suppen.

Die Gerichte werden leicht, mit wenig Fett und gut gewürzt zubereitet. Knoblauch und Zwiebeln, Schalotten, Lauch und Stangensellerie und natürlich Kräuter dürfen bei einem guten sienesischen Essen nicht fehlen. Das Fleisch, seit jeher wird in Siena neben Rind- und Lammfleisch viel Wild gegessen, wird in der Regel auf dem Bratrost oder am Spieß gegart.

Bekannt sind die handgemachten Spaghetti mit Hasensoße und Knoblauch »pici alla lepre e aglio« oder zarter Lammspieß mit Olivenöl. Sauce aus Wildhasenstücken auf breiten Nudeln »Pappardelle sulla lepre«, panierte und gebackene Fleischstücke »Fritture« sowie Rindersteak vom Rost »Bistecca ai ferri« sind ebenfalls traditionelle Fleischgerichte der Region.

Als Vorspeise sollten Sie unbedingt einmal die Panzanella probieren. Altes Brot wird mit Wasser aufgeweicht, dann mit Basilikum, Zwiebeln und Tomaten vermischt und schließlich mit Olivenöl, Pfeffer und Salz angemacht.

Berühmte Süßigkeiten der Provinz sind Kuchen wie *Panforte* oder Plätzchen wie die *Ricciarelli*. Ihre Rezepte stammen aus mittelalterlichen Arzneibüchern und wurden über die Jahrhunderte verfeinert.

Heute können Sie in den Restaurants unterschiedlichste Varianten der traditionellen Küche finden, die jedoch alle von den oben beschriebenen Zutaten ausgehen.

Zu einem traditionellen Essen werden vollblumige, elegante und harmonische Weine gereicht. Die guten Roten, vom Chianti bis zum Brunello oder die bekannten Weißweine wie der Vernaccia aus San Gimignano oder der Bianco Valdarbia.

Ein kulinarischer Tip in Siena, wo Sie die Köstlichkeiten der Toskana in netter Atmosphäre genießen können und wo englisch gesprochen wird, ist das Ristorante L' Angelo in der Via Garibaldi 15 in Siena.

Verkehrsmittel

Bus

CONSORZIO TRA-IN – Siena, Tel. 0577 / 20 42 45

Eisenbahn + Fahrrad

- FS – Siena, Tel. 0577 / 28 01 15
- Asciano, Tel. 0577 / 71 88 73

Übernachtungsmöglichkeiten

Jugendherbergen

Ostello Guido Riccio – v. Fiorentina, loc. Stellino, 53100 Siena,
Tel. 0577 / 522 12 oder 561 72

Hotels

Monticiano:

Hotel und Restaurant da Vestro in Monticiano, Rita Holzleiter Barsotti, Via Senese 4, 53015 Monticiano (SI), Tel.: 0577/ 75 66 18 - 75 65 66. Hier wird auch Deutsch gesprochen und es werden traditionelle Köstlichkeiten der Maremma serviert. Wer hier übernachten möchte, sollte unbedingt vorbestellen!

Camping

- Casciano di Murlo (Loc. Casafranci): Le Soline (***),
  Tel. 0577 / 81 74 10, ganzjährig geöffnet
- Castellina in Chianti (Loc. Trasqua): Luxor srl (**),
  Tel. 0577 / 74 30 47, geöffnet: 1.6. - 8.9.
- Chiusi (Loc. Sbarchino): Tel. 0578 / 214 03, ganzjährig geöffnet
  (Loc. Paccianese): Tel. 0578 / 214 07, geöffnet: Mai - Oktober

- San Gimignano (Loc. Santa Lucia): Il Boschetto di Piemma (*), Tel. 0577 / 94 03 52, geöffnet: 1.4. - 15.10.
- Siena: Siena Colleverde (***), Strada di Scacciapensieri 47, 53100 Siena, Tel. 0577 / 28 00 44, geöffnet: 21.3. - 10.11.
- Sovicille: La Monagnola (**), Via Cava del Siciliano, 53018 Sovicille, Tel. 0577 / 31 44 73, Fax 0577 / 34 92 86, geöffnet: 3.4. - 30.9.

In der Provinz Arezzo im Parco di Cavriglia befindet sich der Campingplatz *Piano Orlando* (**), Loc. Cafaggiolo, Cavríglia, Tel. 055 / 96 74 22, Fax 055 / 96 75 46. Neben dem Zeltplatz kann man hier auch Zimmer oder Bungalows mieten. Eine Jugendherberge sowie ein Restaurant sind ebenfalls vorhanden.

Ferien auf dem Lande
Monticiano: Podere La Ripa Agriturismo, Tocchi, Sig. Vittorio Cambria, Tel. 0577 / 75 70 50, Fax 0577 / 75 71 00 oder 0337 / 70 64 76. Vittorio Cambria spricht Englisch. Hier sollten Sie frühzeitig reservieren. Übernachtungen nur für eine Nacht sind möglich, doch sollten sich Naturfreunde für diese Region mehr Zeit nehmen!

Murlo (Loc. Montepescini): Agricola Immobiliare Casabianca S.p.A., I-53010 Murlo (SI), Frau Beatrice Golini, Tel. 0577 / 81 10 33, Fax 0577 / 81 10 17. Hier wird Englisch und Deutsch gesprochen. Das Landgut bietet verschiedene Ferienhäuser (typisch italienische Landhäuser) mit Appartements, aber auch wenige Zimmer an. Auch hier sollten Sie vorbestellen! Während Sie Zimmer auch für eine Übernachtung bekommen, sind Appartements nur für zwei Nächte über das Wochenende oder wöchentlich (sieben Nächte) anzumieten.

Radi: Ostería Il Pozzo di Radi, I-53010 Radi / Ville di Corsano (SI), Tel. 0577 / 37 32 77, Fax 0577 / 37 32 78. Etwa sieben Kilometer südlich von Siena in absolut ruhiger Lage auf einem Hügel gelegen. Neben einem der besten Restaurants der Region können Sie hier in Doppelzimmern im traditionellen Stil übernachten. Frühzeitiges Reservieren ist hier ebenfalls anzuraten. Es wird Deutsch gesprochen!

Ferien/Camping auf dem Lande
Chiusure di Asciano: Azienda faunistico-venatoria Mocine, I-53020 Chiusure (SI), Tel. 0577 / 70 71 05, Fax 0577 / 70 70 75. Mitten in der Crete,

in der Nähe der berühmten Abbazia di Monte Oliveto Maggiore, liegt das Landgut Mocine. Mit seinen 700 Hektar Land, Wiesen, Wäldern und einem weiten See haben Sie viele Möglichkeiten, Ihr Zelt aufzustellen. Sie können sich den schönsten Platz aussuchen. Trinkwasser sollten Sie vom Haupthaus ausreichend mitnehmen!

A.P.T. / Azienda di Promozione Turistica Siena
Via di Cittá 43
I-53100 Siena (SI)
Tel. 0039 / 577 / 422 09
Fax 0039 / 577 / 28 10 41

Anhang

Eine kurze Geschichte der Toskana

Man nimmt heute an, daß die Etrusker schon um 1.000 v. Chr., wahrscheinlich von Kleinasien her, in das Gebiet der heutigen Toskana kamen. Sie errichteten ihre Siedlungen im Inneren des Landes, auf den sicheren Hügeln und Bergrücken. Einzige Ausnahme war *Populónia,* die Stadt am Meer, die oberhalb vom heutigen Piombino errichtet wurde. Dieser Standort war wichtig, da er der Insel Elba vorgelagert ist, auf der schon damals Erze abgebaut wurden.

Die Etrusker sorgten für die ersten Straßen und begannen, die Sumpfgebiete zu entwässern. So legten Sie auch die Grundlage für das Forum Romanum in Rom. Die ersten und einzigen Könige Roms waren ausnahmslos Etrusker. Ihr letzter war Lucius Tarquinius Superbus, der schließlich vom Volk gestürzt wurde. Danach überfielen die Römer auch benachbarte Siedlungen und vernichteten schließlich ihre Lehrmeister so vollständig, daß wir heute über die Kultur der Etrusker kaum noch etwas wissen.

Im Jahre 89 v. Chr. erhielt *Etruria,* etwa das Gebiet der heutigen Toskana, das römische Bürgerrecht. Zwischen 27 v. Chr. und dem Jahre 14 beherrschte das antike Rom unter Kaiser Augustus den gesamten Mittelmeerraum: den Norden Afrikas, das heutige Syrien, den Iran und die Türkei, den Westen Europas bis zur Elbe und Britannien sowie das heutige Griechenland, Albanien, und das ehemalige Jugoslawien. Erst im Jahre 395 zerfiel das riesige Gebiet in das Ost- und Weströmische Reich. In den nächsten 100 Jahren sorgten die einfallenden Germanen für eine Auflösung des einst so mächtigen Staates. Im 5. Jahrhundert wurde die Toskana von den Ostgoten besetzt, dann folgte das Byzantinische Reich. 568 wird Tuscien unter den Langobarden zum Herzogtum. Ab 774 steht es unter fränkischer Herrschaft, ehe es im 9. Jahrhundert zur Markgrafschaft Tuszien ernannt wird.

Mit dem Einzug des Christentums und dem Beginn unserer Zeitrechnung war das römische Reich Zentrum der religiösen Auseinandersetzungen. Je nach Gesinnung des jeweiligen Herrschers wurde Religionsfreiheit gewährt oder das Christentum erbarmungslos verfolgt. Mit Unterstützung des Papstes durch die Franken wurde Rom schließlich Hauptstadt des Kirchenstaates. Die Folge war der Dualismus, die Konkurrenz zwischen Kirche und Staat, der immer wieder zu Auseinandersetzungen der rivalisierenden Truppen in dem Gebiet der heutigen Toskana führte.

Um das 11. Jahrhundert wurden die Städte durch den stark angestiegenen Handel mit dem gesamten Mittelmeerraum immer reicher und mächtiger. Dies bildete die Grundlage der ersten Stadtstaaten. Von 1030 bis 1115 herrschte das Haus Canossa, ehe 1139 bis 1266, unter staufischer Verwaltung, die Stadtstaaten entstanden. Je reicher sie wurden, desto häufiger wurden die Streitereien innerhalb der Städte, aber auch zwischen ihnen. In der Folge wechseln sich Pisa und Florenz in der Vorherrschaft ab. Während die Händlerfamilien immer reicher wurden, verarmte der Rest der Bevölkerung. Diese sozialen Spannungen nutzten die Dominikaner und Franziskaner, mit ihren Idealen der asketischen Lebensführung, deren große Gotteshäuser noch heute überall in der Toskana zu besichtigen sind.

1434 beginnt, mit Cosimo Il Vecchio, die Medici-Herrschaft in Florenz. Unter den *Medici* wurde die Toskana 1531 Herzogtum und 1569 Großherzogtum. Doch die Großmächte Europas machten das Gebiet immer wieder zum Spielball ihrer Unternehmungen. Die Österreicher erlangten durch ihre Heiratspolitik die Vorherrschaft über die Toskana und die Franzosen besetzten mit ihrem kriegsgewandten Napoleon die Region. 1737 starb der letzte Medici, und Franz von Lothringen (später Kaiser Franz I.) wurde Großherzog der Toskana. 1859 endete die Macht der Lothringer und infolge des Sieges des Königreichs Piemont-Sardinien über Österreich und mit Hilfe der Franzosen entstand 1861 das Königreich Italien. 1865 - 1871 war Florenz die Hauptstadt Italiens. Aus dieser Zeit stammen viele der großen Prachtbauten, zum Beispiel an der Piazza della Pubblica.

1922 sammelte Mussolini seine Anhänger in Neapel für den »Marsch auf Rom«. Um die sozialen Probleme des Landes zu überdecken, propagierte er »Großitalien«. Dafür gestand er dem Papst sein eigenes Staatsgebiet, den Vatikan, zu. Staat und Kirche zogen so an einem gemeinsamen Strang. Während der Papst zur Katholisierung der »Heiden« in den Krieg zog, konnte Mussolini seine imperialistischen Ideen durchsetzen. Nach dem Krieg gegen das heutige Äthiopien war ihm die Begeisterung des Volkes für seine nationalistischen Reden sicher. 1941 trat Italien in den Zweiten Weltkrieg ein, um an der Seite Nazideutschlands »Großitalien« zu realisieren. 1943 besetzten die Alliierten Sizilien und sprachen Mussolini ihr Mißtrauen aus. So kam es am 3.9.1943 zum Waffenstillstand auf Sizilien. Die neue italienische Führung erklärte den Deutschen den Krieg, während Mussolini mit seinen Anhängern weiter ihr Verbündeter blieb. Vor dem Eintreffen der Alliierten kam es am 25.4.1945 zum Generalaufstand der italienischen Widerstandsgruppen in Mailand, Turin und Genua, so daß sich die Italiener aus eigener Kraft vom Faschismus befreien konnten. Dieser Sieg wird alljährlich am 25. April gefeiert. 1946 wurde schließlich die Republik Italien ausgerufen.

Anreise

Um die sonnige Toskana zu erreichen, müssen Sie die Alpen überqueren, und dann sind es noch einmal etwa 400 Kilometer vom Brenner bis Florenz. Die Überquerung der Grenzen stellt heute kein Problem mehr dar, sind doch auch Italien und Österreich Mitglieder der EU. Ein gültiger Personalausweis reicht somit aus und muß häufig nicht mehr vorgezeigt werden, was auch für die Schweiz gilt. Wer den Urlaub schon zu Hause beginnen möchte, dem empfehlen wir die Anreise mit der Bahn und / oder dem Fahrradbus (Reisebus mit Fahrradanhänger). Der Vorteil dieser Verkehrsmittel ist, daß verschiedene Städte als Start- oder Zielpunkte fungieren können. Zum Beispiel können Sie in Florenz starten und von Grosseto die Heimreise antreten.

Anreise per Bahn

Die Bahn bietet mittlerweile auch Zugverbindungen mit Fahrradmitnahme über die Landesgrenzen hinaus an: Sie stellen Ihr Fahrrad in das Gepäckabteil, suchen sich Ihren Sitz- beziehungsweise Liegeplatz und kommen ausgeruht in Florenz oder Livorno an, wo Sie Ihr Fahrrad selbst wieder ausladen. Somit haben Sie kein Risiko, daß Ihr Gefährt beim Stückguttransport verlorengeht oder Sie tagelang auf seine Ankunft warten müssen, während Ihr Urlaub langsam verstreicht. Zudem ist diese Versendungsform teuer.

Über die aktuellen Zugverbindungen erkundigen Sie sich bitte bei der DB, im Bahnhof oder Reisebüro.

BIKE & BUS euro-shuttle

Mit dem BIKE & BUS euro-shuttle (ehemals Euro-Fahrradbus) haben Sie allwöchentlich die Möglichkeit, nach Florenz, Livorno, Piombino und Grosseto zu reisen. Während Sie im modernen Reisebus sitzen, fahren Ihre Räder im Anhänger mit. Hier können Sie sich entscheiden, in welcher Stadt Sie starten und von wo Sie wieder abgeholt werden möchten.

Vom 21.3.97 - 3.10.97 fährt Sie der Fahrradbus nach Florenz, Livorno und Piombino. Ab dem 7.5.97 bis zum 12.9.97 können Sie auch in Grosseto aus- oder zusteigen. Informationen rund um den euro-shuttle erhalten Sie unter anderm bei:

Reisezeit, Guldeinstr. 29, 80339 München, Tel. 089 / 50 50 50 oder
Natours-Reisen GmbH, Untere Eschstr. 15, 49177 Ostercappeln,
Tel. 05473 / 82 11, Fax 05473 / 82 19

Adressen

Für allgemeine Informationen über Italien wenden Sie sich an:

Staatliches Italienisches Fremdenverkehrsamt ENIT
Kaiserstr. 65, 60329 Frankfurt/M.
Tel. 069 / 23 74 30

Staatliches Italienisches Fremdenverkehrsamt ENIT
Berliner Allee 26, 40212 Düsseldorf
Tel. 0211 / 13 22 31

Staatliches Italienisches Fremdenverkehrsamt ENIT
Goethestr. 20, 80336 München
Tel. 089 / 53 03/-69

Staatliches Italienisches Fremdenverkehrsamt ENIT
Kärntnerring 4, 1010 Wien
Tel. 1 / 21 13 633

Staatliches Italienisches Fremdenverkehrsamt ENIT
Uraniastr. 32, 8001 Zürich
Tel. 1 / 211 36 33

Informationen zu Übernachtungsmöglichkeiten, Restaurants und Allgemeinem der Region bekommen Sie am besten über die Tourismusbüros (A.P.T.) in der jeweiligen Provinz.

A.P.T.
Azienda di Promozione Turistica Dell' Amiata
Via Mentana 97, I-53021 Abbadia San Salvatore
Tel. 0039 / 577 / 778 608, Fax 779 013

A.P.T. (Elba)
Azienda Promozione Turistica Dell' Arcipelago Toscano
Calata Italia 26, I - 57037 Portoferráio (LI)
Tel. 0039 / 565 / 914 671-914 672, Fax 91 63 50

A.P.T.
Azienda di Promozione Turistica Firenze
Via Manzoni 16, I-50121 Firenze
Tel. 0039 / 55 / 233 20

A.P.T.
Azienda di Promozione Turistica Grosseto
Via Monterosa 206, I-58100 Grosseto
Tel. 0039 / 564 / 45 45 10/27, Fax 45 46 06

A.P.T.
Azienda di Promozione Turistica Livorno
Piazza Cavour 6, I-57100 Livorno
Tel. 0039 / 586 / 898 111, Fax 89 61 73

A.P.T.
Azienda di Promozione Turistica Pisa
Via B. Croce 24, I-56100 Pisa
Tel. 0039 / 50 / 402 02, Fax 409 03

A.P.T.
Azienda di Promozione Turistica Siena
Via di Cittá 43, I-53100 Siena (SI)
Tel. 0039 / 577 / 422 09, Fax 28 10 41

Übernachtungsmöglichkeiten und Restaurants

Die günstigen Übernachtungsmöglichkeiten wie Jugendherbergen und Campingplätze sind am Ende der Kapitel aufgeführt. An der Küste gibt es viele Campingmöglichkeiten, so daß wir hier auf eine vollständige Liste verzichtet haben. Sie finden jedoch alle Campingplätze aufgelistet, die sich im Landesinneren der beschriebenen Provinzen befinden.

Was Ferien auf dem Lande, Privatzimmer, Hotels und Restaurants angeht, so finden Sie einige von Ihnen besonders empfohlen. Es ist nicht möglich, alle Anbieter zu testen, so daß wir eine eigene Kostprobe empfehlen. Die im Text aufgeführten Tips beruhen auf rein subjektive Wahrnehmungen, über Geschmack läßt sich bekanntlich streiten, außerdem wechseln Köche und Besitzer, so daß Sie solche Tips als Empfehlungen, jedoch nicht als Garantien verstehen dürfen.

Weiterführende Literatur

- Braun, Andreas: Toskana. Edition Erde, Nürnberg 1993
- Fischer, H. J.: Toskana. Prestel Landschaftsbücher. Prestel, München 1990
- Günter, Roland: Toskana. Alltag und Geschichte, Kunst und Kultur, Politik und Wirtschaft, Stadt und Land. Ein Reisebuch. Anabas Verlag, Gießen 1990
- Henning, C.: Toskana. Ein Landschafts- und Erlebnisführer. Oase Verlag, Badenweiler 1992
- Kadereit, Michael: Toskana/Umbrien. Ein Reisebuch in den Alltag. rororo anders reisen, Reinbek 1996
- Müller, Michael: Reisehandbuch Toscana, Florenz, Elba, Umbrien. Michael Müller Verlag, Erlangen
- Zibaldone. Zeitschrift für italienische Kultur der Gegenwart. Rotbuch Verlag, Hamburg
- Zimmermann, Klaus: Toscana. Das Hügelland und die historischen Stadtzentren. DuMont Kunstreiseführer, Köln 1996
- Zwecker, Helmut: Toskana und Umbrien. Küche, Landschaft und Kultur neu entdecken und genießen. München 1994

Karte

Toskana 1:200.000, Kümmerly + Frey Straßenkarte Italien Blatt 7
(Offizielle Karte des Touring Club Italiano / TCI)

Register